LIVRE MYSTIQUE

DE BALZAC.

LES PROSCRITS
HISTOIRE INTELLECTUELLE DE LOUIS LAMBERT
(Extrait des Études Philosophiques.)

Deuxième édition.

I.

PARIS
WERDET, LIBRAIRE-ÉDITEUR,

15 JANVIER 1836.

PARIS. — Imprimerie de BOURGOGNE et MARTINET,
rue du Colombier, 30.

LE
LIVRE MYSTIQUE

PAR

M. DE BALZAC.

—

LES PROSCRITS.
HISTOIRE INTELLECTUELLE DE LOUIS LAMBERT.
(Extrait des Études Philosophiques.)

Deuxième édition.

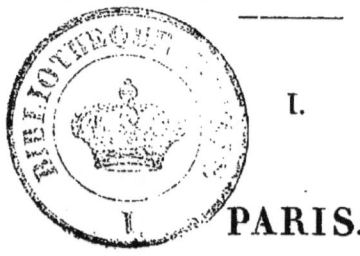

I.

PARIS.
WERDET, LIBRAIRE-ÉDITEUR,
49, RUE DE SEINE-ST.-GERMAIN.

15 JANVIER 1836.

PRÉFACE.

Composé de trois œuvres éparses dans les trente volumes in-12 des *Études philosophiques*, ce livre est destiné à offrir l'expression nette de la pensée religieuse, jetée comme une ame en ce long ouvrage. Aussi ne saurait-il être publié sans quelques observations préliminaires.

Le XIXe siècle, dont l'auteur essaie de configurer l'immense tableau, sans oublier ni l'individu ni les professions, ni les effets ni les principes sociaux, est en ce moment travaillé par le Doute. Remarquez, je vous en prie, que l'auteur ne discute nulle part en son nom : il voit une chose et la décrit, il trouve un sentiment et le traduit; il accepte les faits comme ils sont, les met en place et suit son plan, sans prêter l'oreille à des accusations qui se contredisent. Il marche inexorable aux raisonnemens obtus de ceux qui lui demandent pourquoi cette pierre est carrée quand il en est à un angle, pourquoi celle-ci est ronde quand il achève une tête de femme dans quelque métope. Si la Société qu'il a prise pour sujet de son œuvre, comme d'autres y prennent un mince évènement, était parfaite, il n'y aurait aucune peinture possible, il faudrait chanter un magnifique *alleluia* social et s'asseoir au banquet pour y achever sa portion congrue. Mais il n'en est pas ainsi : les gens du monde aussi bien que les hommes d'art le savent; et néanmoins il se rencontre des critiques qui, trouvant l'auteur occupé à dessiner un forçat, voudraient qu'il le représentât raisonnant comme Massillon en chaire. Dans cette œuvre, chacun sera ce qu'il est : le juge sera juge, le criminel sera criminel; la femme y sera tour à tour ou vertueuse ou coupable; l'usurier ne sera pas un mouton, la dupe ne sera pas un homme de génie, et les enfans n'y auront pas cinq pieds six pouces. Ces mille figures qui posent, ces mille situations génériques seront vraies ou fausses, elles seront bien ou mal ajustées, plus ou moins heureusement éclairées, tout y sera confus ou bien ordonné; d'accord. Mais l'applaudissement et le blâme ne doivent-ils pas attendre que l'œuvre soit terminée?

Ces paroles ne sont ni des récriminations, ni des plaintes. L'auteur s'est patiemment soumis à l'éternel *Pourquoi* des Parisiens, accoutumés à trouver : *Le public n'entre pas ici*, sur l'enceinte en planches qui garantit de leur curiosité les monumens qu'on leur bâtit. Cette répétition de quelques observations dues à l'un des amis de l'auteur (M. Félix Davin) est ici nécessaire pour prévenir toute mauvaise chicane. De même que les Chouans pillent les voitures de la République, de même que Vautrin parle en forçat, que de Marsay écrit avec le style du jeune homme, et madame de Mortsauf en femme pieuse, solitaire, recueillie; de même Louis Lambert et Séraphîta parlent et agissent comme doivent agir et parler des Mystiques. Ici nous ne sommes pas dans les Etudes de Moeurs, la première partie de l'œuvre où l'auteur peint les choses sociales comme elles sont; mais dans les Etudes philosophiques, dans la deuxième partie, où les sentimens et les systèmes humains se personnifient. Donc SÉRAPHITA, blanche et pure expression du Mysticisme, ne saurait avoir sur les Mathématiques les opinions qu'en a l'Académie des sciences; elle pouvait être tout, excepté membre de l'Institut ; si elle connaît l'infini, les mesures du fini doivent alors lui paraître mesquines. Malgré cette naïve observation du sculpteur venant vous dire que quand il a taillé dans son marbre une sirène, il a été forcé de la finir en poisson, parce que la sirène une fois admise, elle ne saurait porter les socques de la grisette ; vous rencontrerez beaucoup de gens qui tiendront l'auteur pour fou, assez fou pour avoir voulu prouver que deux et deux ne font pas quatre ; d'autres l'accuseront d'athéisme, ceux-ci prétendront qu'il ne croit à rien de ce qu'il a écrit et qu'il s'amuse aux dépens du public, ceux-là diront que l'œuvre est incompréhensible. L'auteur proteste ici de son respect pour les grands génies occupés à étendre les limites de la science humaine ; il adore la ligne droite, il aime encore malheureusement un peu trop la courbe ; mais s'il s'agenouille devant les gloires des mathématiques et devant les miracles de la chimie ; il croit, si l'on admet l'existence des Mondes Spirituels, que les plus beaux théorèmes n'y sont d'aucune utilité, que tous les calculs du fini sont caducs dans l'infini, que l'infini devant être comme Dieu, semblable à lui-même en toutes ses parties, la question de l'égalité du rond et du carré doit s'y trouver résolue, et que cette possibilité devrait donner l'amour du ciel aux géomètres. Remarquez bien encore qu'il n'a pas l'impiété de contester l'influence des mathématiques sur le bonheur de l'humanité prise en masse ; thèse soutenue par Swedenborg et Saint-Martin. Mais trop de gens s'avanceront à la défense des Saintes Sciences de l'homme, trop peu prendront intérêt aux lointaines clartés du Mysticisme, pour que l'auteur ne soit pas ici du parti le plus faible, au risque de se voir l'objet de ces plaisanteries souvent calomnieuses, espèce de timbre que la presse périodique met en France à toute idée nouvelle, et qui heureusement rencontrent en lui la plus dure de toutes les cuirasses humaines, le mépris.

Donc le doute travaille en ce moment la France. Après avoir perdu le gouvernement politique du monde, le catholicisme en perd le gouvernement moral. Rome catholique mettra néanmoins tout autant de temps à tomber qu'en a mis Rome panthéiste. Quelle forme revêtira le sentiment religieux, quelle en sera l'expression nouvelle? la réponse est un secret de l'avenir. Les Saint-Simoniens ont cru que la cotte-de-mailles sociale avait dernièrement offert son plus grand défaut; à un siècle industriel, ils ont présenté leur religion positive, nette comme un axiome, mystérieuse comme un Compte-fait, un mode de civilisation napoléonienne où les esprits devaient s'enrégimenter, comme les hommes s'échelonnaient dans la garde impériale. Pour eux, la partie semble moins perdue qu'ajournée. Luther fut plus habile observateur de la nature humaine que ne l'a été le collége Saint-Simonien ; il comprit que vouloir fonder une religion dans un temps d'examen, c'était se donner pour un second Jésus, que Jésus ne se recommençait pas, et que, pour se glisser entre tous les amours-propres sans les froisser, il fallait une religion toute faite. Il voulut donc ramener la cour de Rome à la simplicité de la primitive église. Les froides négations du protestantisme, croyance de coffres-forts, dogme économique excellent pour les disciples de Barême, religion pesée, examinée, sans poésie possible parce qu'elle est sans mystères, triompha sous les armes de l'évangile.

Le Mysticisme est précisément le Christianisme dans son principe pur. Ici l'auteur n'a rien inventé, il ne propose rien de neuf; il a mis en œuvre des richesses enfouies, il a plongé dans la mer et y a pris des perles vierges pour le collier de sa Madone. Doctrine des premiers Chrétiens, religion des Anachorètes du Désert, le Mysticisme ne comporte ni gouvernement, ni sacerdoce ; aussi fut-il toujours l'objet des plus grandes persécutions de l'Église Romaine : là est le secret de la condamnation de Fénelon ; là est le mot de sa querelle avec Bossuet. Comme religion, le Mysticisme procède en droite ligne du Christ par saint Jean, l'auteur de l'Apocalypse; car l'Apocalypse est une arche jetée entre le Mysticisme chrétien et le

Mysticisme indien, tour à tour égyptien et grec, venu de l'Asie, conservé dans Memphis, formulé au profit de son Pentateuque par Moïse, gardé à Éleusis, à Delphes, compris par Pythagore, renouvelé par l'aigle des apôtres, et transmis nébuleusement à l'Université de Paris. Au douzième siècle (*voyez* Les Proscrits), le docteur Sigier professe, comme la science des sciences, la Théologie Mystique dans l'Université, cette reine du monde intellectuel à laquelle les Quatre Nations catholiques faisaient la cour. Vous y voyez Dante venant faire éclairer sa Divine Comédie par l'illustre docteur qui serait oublié, sans les vers où le Florentin a consacré sa reconnaissance envers son maître. Le Mysticisme que vous trouvez là dominant la société, sans que la cour de Rome s'en inquiétât, parce qu'alors la belle et sublime Rome du moyen âge était omnipotente, fut transmis à madame Guyon, à Fénelon et à mademoiselle Bourignon par des auteurs allemands, entre lesquels le plus illustre est Jacob Bœhm. Puis, au dix-huitième siècle, il a eu dans Swendenborg un évangéliste et un prophète dont la figure s'élève aussi colossale peut-être que celles de saint Jean, de Pythagore et de Moïse. M. Saint-Martin, mort dernièrement, est le dernier grand écrivain mystique. Il a donné partout la palme à Jacob Bœhm sur Swendenborg; mais l'auteur de Séraphîta accorde à Swendenborg une supériorité sans contestation possible sur Jacob Bœhm aux œuvres duquel il avoue n'avoir rien pu comprendre encore.

L'auteur n'a pas cru qu'il fût honorable pour la littérature française de rester muette sur une poésie aussi grandiose que l'est celle des Mystiques. La France littéraire porte depuis cinq siècles une couronne à laquelle manquerait un fleuron, si cette lacune n'était remplie même imparfaitement comme elle sera par ce livre. Après de longs et de patiens travaux, l'auteur s'est donc hasardé dans la plus difficile des entreprises, celle de peindre l'être parfait dans les conditions exigées par les lois de Swendenborg sévèrement appliquées. Malheureusement, il a peu de juges. Les inextricables difficultés de son œuvre, le danger même que courait son esprit en se plongeant dans les gouffres infinis ouverts par les Mystiques, aperçus et sondés par eux, qui les appréciera? Combien peut-on énumérer en France de personnes instruites des sciences mystiques, ou qui connaissent seulement les titres d'œuvres qui comptent en Allemagne des milliers de lecteurs? Il a fallu s'être passionné dès l'enfance pour ce magnifique système religieux, avoir fait à l'âge de dix-neuf ans une Séraphîta, avoir rêvé l'être aux deux natures, avoir ébauché la statue, bégayé le poème qui devait occuper toute la vie, pour pouvoir en donner aujourd'hui le squelette.

PRÉFACE.

Ce que l'auteur doit dire pour cette œuvre offre heureusement un intérêt général. La barrière épineuse, qui, jusqu'à présent, a fait du Mysticisme un pays inabordable, est l'obscurité, défaut mortel en France où personne ne veut faire crédit de son attention à l'auteur le plus sublime, où Dante n'aurait peut-être jamais vu sa gloire. Comprend-on que ceux qui proclament la lumière ne présentent en eux que ténèbres? Les livres tenus pour sacrés dans cette sphère intellectuelle, sont écrits sans méthode, sans éloquence, et leur phraséologie est si bizarre, qu'on peut lire mille pages de madame Guyon, de Swedenborg et surtout de Jacob Bœhm, sans y rien saisir. Vous allez savoir pourquoi. Aux yeux de ces Croyans, tout est démontré : ce ne sont alors que cris de conviction, psaumes d'amour entonnés pour célébrer des jouissances continues, exclamations arrachées par la beauté du spectacle! Vous diriez les clameurs d'un peuple entier voyant un feu d'artifice au milieu de la nuit. Malgré ces torrens de phrases échevelées, l'ensemble est sublime et les argumens sont foudroyans, quand l'esprit les a pêchés dans ce grand bruissement de vagues célestes. Imaginez la mer embrassée d'un coup d'œil, elle vous ravit, vous transporte, vous enchante! mais vous êtes sur un cap, vous la dominez, le soleil lui prête une physionomie qui vous parle de l'infini. Mettez-vous à y nager, tout y est confus ; vous la voyez partout semblable à elle-même, les lignes de l'horizon vous échappent, partout des flots, partout le vert sombre, et la monotonie de sa voix vous lasse. Ainsi, pour avoir une intuition de l'infini démontré dans ces livres étourdissans, vous devez monter sur un cap; l'esprit de Dieu vous apparaît alors sur les eaux, vous voyez un soleil moral qui les illumine. Ce qui jusqu'à présent manquait au Mysticisme était la forme, la poésie. Quand saint Pierre a montré les clefs du Paradis et l'enfant Jésus dans les bras d'une vierge, la foule a compris! et la religion catholique a existé. Le rusé saint Pierre, homme de haute politique et de gouvernement, a eu raison sur saint Paul, ce lion des Mystiques, comme saint Jean en est l'aigle.

Si vous pouvez imaginer des milliers de propositions naissant dans Swedenborg les unes des autres, commes des flots; si vous pouvez vous figurer les landes sans fin que présentent tous ces auteurs, si vous voulez comparer l'esprit essayant de faire rentrer dans les bornes de la logique cette mer de phrases furieuses à l'œil, essayant de percevoir une lumière dans les ténèbres; vous apprécierez les travaux de l'auteur, la peine qu'il a prise pour donner un corps à cette doctrine et la mettre à la portée de l'étourderie française qui veut deviner ce qu'elle ne sait pas, et savoir ce qu'elle ne peut pas deviner. Mais, de bonne heure, il avait pressenti là comme une nouvelle Divine Comédie. Hélas!

le rhythme voulait toute une vie, et sa vie a exigé d'autres travaux; le sceptre du rhythme lui a donc échappé. La poésie sans la mesure est peut-être une impuissance? peut-être n'a-t-il fait qu'indiquer le sujet à quelque grand poète, humble prosateur qu'il est! Peut-être le Mysticisme y gagnera-t-il en se trouvant dans la langue si positive de notre pays, obligé de courir droit, comme un waggon sur le rail de son chemin de fer.

Les Proscrits sont le péristyle de l'édifice; là, l'idée apparaît au moyen âge dans son naïf triomphe. Louis Lambert est le mysticisme pris sur le fait, le Voyant marchant à sa vision, conduit au Ciel par les faits, par ses idées, par son tempérament; là est l'histoire des Voyans. Séraphîta est le mysticisme tenu pour vrai, personnifié, montré dans toutes ses conséquences.

Dans ce livre, la plus incompréhensible doctrine a donc une tête, un cœur et des os, le Verbe des mystiques s'y est incarné; enfin l'auteur a tâché de la rendre attrayante comme un roman moderne. Il est dans la nature des substances qui, prises à nu, peuvent foudroyer le malade; la science médicale les approprie à la faiblesse humaine: ainsi de l'auteur, du lecteur et de son sujet. Aussi espère-t-il que les Croyans et les Voyans lui pardonneront d'avoir mis les pieds de Séraphîta dans la boue du globe, en faveur de la popularité qu'elle peut donner à cette sublime religion; il espère que les gens du monde, affriolés par la forme, comprendront l'avenir que montre la main de Swedenborg levée vers le ciel; que si les savans admettent un univers spirituel et divin, ils reconnaîtront que les sciences de l'univers matériel n'y sont d'aucune utilité. Aux yeux des poètes, l'auteur a-t-il besoin d'excuse pour avoir poétisé une doctrine, pour en avoir tenté le mythe et lui avoir donné des ailes? Quoi qu'il puisse arriver d'un écrivain essayant une œuvre de foi dans une époque incrédule, il ne saurait être blâmé par ceux qui ne sont ni savans, ni poètes, ni voyans, pour avoir corporisé un système enseveli dans les ténèbres.

L'auteur est obligé de dire ici que l'HISTOIRE INTELLECTUELLE DE LOUIS LAMBERT ne ressemble en rien aux deux premières éditions qui en ont été publiées, la preuve s'en trouve dans la contexture même de l'œuvre qui, cette fois, est triplée; mais il ajoutera qu'il a dépensé autant de soins et d'argent à les faire disparaître du commerce, que d'autres écrivains en prennent pour propager leurs œuvres. Il a réussi presque entièrement pour la 2ᵉ édition in-18, elle a été anéantie à deux cents exemplaires près; quant à la première, il n'a pu en adhirer que trois cents volumes. La critique, trop empressée à rechercher des fautes dont la correction emploie la majeure partie du temps de l'auteur, ne saurait donc, sans mauvaise foi, l'attaquer sur un autre terrain que sur celui de la présente édition. Sans doute, il se rencontrera dans SERAPHÎTA quelques imperfections; mais pourquoi la Nécessité, représentée par les infortunes de la librairie, la seule ressource de l'auteur, le presse-t-elle outre mesure? Nous ne sommes plus au siècle de fer où Philippe II, roi d'Espagne, déclarait les artistes exempts de toute charge publique et de tous impôts, ni au siècle de malheur où François Ier envoyait à Raphaël un bassin d'or plein d'or, sans rien demander au pinceau de l'artiste. Aujourd'hui, nous sommes sous le coup des condamnations d'un conseil de discipline; aujourd'hui nos écrits, considérés comme marchandise, n'obtiennent ni la protection accordée aux lampes-Carcel et aux serrures-Georget, ni la prime d'exportation octroyée aux sucres de tel ou tel ministre. Les écrivains sont des abeilles dont les naturalistes ont oublié la classification; et les lois n'ont reconnu, n'ont dégusté le miel de leurs ruches que pour s'attribuer le droit de le prendre. L'opiniâtreté des veilles, la célérité du travail, le bonheur des conceptions ne peuvent, pour aucun écrivain français, remplacer les immunités jadis accordées par les souverains à l'art et aux lettres. Savez-vous pourquoi? Trois mille exemplaire du LIVRE MYSTIQUE seront frauduleusement vendus par la voleuse Belgique au détriment des libraires français, précisément dans les pays où se trouvent des lecteurs pour l'ouvrage. La ruine du libraire atteint directement l'auteur. Si les écrivains, les poètes, les savans, les jurisconsultes français n'étaient pas ignoblement dépouillés, certes leurs veilles seraient généreusement récompensées par le public qu'ils ont élu pour maître. Beaucoup d'écrivains, forcés de vivre à tout prix, se donnent au pouvoir, et les exemples de cette odieuse nécessité sont plus abondans sous le règne du libéralisme intronisé d'hier, qu'ils ne l'étaient sous la généreuse monarchie abattue par lui. L'homme qui veut rester libre souffre horriblement; heureux quand la calomnie, assise à sa porte, n'attend pas son cercueil pour l'escorter d'injures!

Aujourd'hui, l'intelligence a jugé les déplacemens de Juillet, après avoir entendu un ministre décourageant en public la jeunesse qui s'avance dans une carrière où lui n'a ramassé que le pouvoir; sa raillerie sur la fécondité des avortemens, adressée à ceux qu'il laisse détrousser à Bruxelles, est une espèce d'absolution que se donnent les gens habiles en dévorant leurs dupes. Si le ministre a trahi l'homme de lettres, le professeur a trahi également le bon sens : la nature se ressemble à elle-même dans tous ses principes; la quantité des germes littéraires inutiles est une nécessité de la production morale, comme les millions d'œufs que jette un poisson et dont il n'arrive à bien que quelques êtres est une nécessité de la génération zoologique. Quand le ministre de l'intérieur installera dans quelque sinécure l'un de ses familiers au Bureau des Nourrices, nous espérons qu'il ne restera pas en arrière de son collègue et se plaindra de la quantité des Naissances, en blâmant les mères de ne pas toutes donner à la France des hommes de génie, des professeurs d'histoire. Si les intérêts matériels de la littérature périssent, quand trois gens de lettres, dont un duc, sont au Conseil, nous devons attendre qu'il y arrive des chaudronniers de Saint-Flour, ou quelques bouviers de la vallée d'Auge; si ceux-là ne comprennent pas la question d'art, peut-être entendront-ils la question commerciale.

Ceci, ne vous y trompez point, est dit moins pour l'auteur que pour de nobles intelligences prêtes à périr, pour des gens de cœur, encore jeunes, qui s'enveloppent dans leurs manteaux en y cachant leur désespoir. Les poètes ne se révoltent pas, eux! ils meurent en silence. Elevez donc un autel au suicide, au lieu de le calomnier, et gravez dessus : *Diis ignotis.*

27 novembre 1835.

LES PROSCRITS.

ALMÆ SORORI.

LES PROSCRITS.

En 1308, il existait peu de maisons sur le Terrain formé par les alluvions et les sables de la Seine, en haut de la Cité, derrière l'église Notre-Dame. Le premier qui osa se bâtir un logis sur cette grève soumise à de fréquentes inondations, fut un sergent de la ville de Paris qui avait rendu quelques menus services à messieurs du chapitre Notre-Dame ; en récompense, l'évêque lui bailla vingt-cinq perches de terre, et le dispensa de toute censive ou redevance pour le fait de ses constructions. Sept ans avant le jour où commence cette histoire, Joseph Tirechair, l'un des plus rudes sergens de Paris, comme son nom le prouve, avait donc, grâce à ses droits dans les amendes par lui perçues pour les délits commis ès rues de la Cité, bâti sa maison au bord de la Seine, précisément à l'extrémité de la rue du Port-Saint-Landry. Afin de garantir de tout dommage les marchandises déposées sur le port, la ville avait construit une espèce de pile en maçonnerie qui se voit encore sur quelques vieux plans de Paris, et qui préservait le pilotis du port en soutenant à la tête du Terrain, les efforts des eaux et des glaces. Le sergent en avait profité pour asseoir son logis, en sorte qu'il fallait monter plusieurs marches pour arriver chez lui. Semblable à toutes les maisons du temps, sa chétive bicoque était surmontée d'un toit pointu qui figurait au-dessus de la façade la moitié supérieure d'une losange. Au regret des historiographes, il existe à peine un ou deux modèles de ces toits à Paris. Une ouverture ronde éclairait le grenier dans lequel la femme du sergent faisait sécher le linge du Chapitre, car elle avait l'honneur de blanchir Notre-Dame, qui n'était certes pas une mince pratique.

Au premier étage étaient deux chambres qui, bon an, mal an, se louaient aux étrangers à raison de quarante sous parisis pour chacune, prix exorbitant justifié d'ailleurs par le luxe que Tirechair avait mis dans leur ameublement. Des tapisseries de Flandre garnissaient les murailles. Un grand lit orné d'un tour en serge verte, semblable à ceux des paysans, était honorablement fourni de matelas, et recouvert de bons draps en toile fine. Chaque réduit avait son chauffe-doux, espèce de poêle dont la description est inutile. Le plancher, soigneusement entretenu par les apprenties de la Tirechair, brillait comme le bois d'une châsse. Au lieu d'escabelles, les locataires avaient pour siéges de grandes *chaires* en noyer sculpté, provenues sans doute du pillage de quelque château. Deux bahuts incrustés en étain, une table à colonnes torses, complétaient un mobilier digne des chevaliers bannerets les mieux huppés que leurs affaires amenaient à Paris. Les vitraux de ces deux chambres donnaient sur la rivière. Par l'une, vous n'eussiez pu voir que les rives de la Seine et les trois îles désertes dont les deux premières ont été réunies plus tard et forment l'île Saint-Louis aujourd'hui; la troisième est l'île Louviers. Par l'autre, vous auriez aperçu à travers une échappée du port Saint-Landry, le quartier de la Grève, le pont Notre-Dame avec ses maisons, les hautes tours du Louvre récemment bâties par Philippe-Auguste, et qui dominaient ce Paris chétif et pauvre dont l'imagination des poètes raconte tant de fausses merveilles. Le bas de la maison à Tirechair, pour nous servir de l'expression alors en usage, se composait d'une grande chambre où travaillait sa femme, et par où les locataires étaient obligés de passer pour se rendre chez eux, en gravissant un escalier pareil à celui d'un moulin. Puis derrière, se trouvaient la cuisine et la chambre à coucher, qui avaient vue sur la Seine. Un petit jardin conquis sur les eaux étalait au pied de cette humble demeure ses carrés de choux verts, ses ognons et quelques pieds de rosiers défendus par des pieux formant une espèce de haie. Une cabane construite en bois et en boue servait de niche à un gros chien, le gardien nécessaire de cette maison isolée. A cette niche commençait une enceinte où criaient des poules dont les œufs se vendaient aux chanoines. Çà et là, sur le Terrain fangeux ou sec, suivant les caprices de l'atmosphère parisienne, s'élevaient quelques petits arbres incessamment battus par le vent, tourmentés, cassés par les promeneurs; des saules vivaces, des joncs et de hautes herbes. Le Terrain, la Seine, le Port, la maison, étaient encadrés à l'ouest par l'immense basilique de Notre-Dame, qui projetait au gré du soleil son ombre froide sur cette terre. Alors comme aujourd'hui, Paris n'avait pas de lieu plus solitaire, de paysage plus solennel ni plus mélancolique. La grande voix des eaux, le chant des prêtres ou le sifflement du vent troublaient seuls cette espèce de bocage, où parfois se faisaient aborder quelques couples amoureux pour se confier leurs secrets, lorsque les offices retenaient à l'église les gens du chapitre.

Par une soirée du mois d'avril, en l'an 1308, Tirechair rentra chez lui singulièrement fâché. Depuis trois jours il trouvait tout en ordre sur la voie publique. En sa qualité d'homme de police, rien ne l'affectait plus que de se voir inutile. Il jeta sa hallebarde avec humeur, grommela de vagues paroles en dépouillant sa jaquette mi-partie de rouge et de bleu, pour endosser un mauvais hoqueton de camelot. Après avoir pris dans la huche un morceau de pain sur lequel il étendit une couche de beurre, il s'établit sur un banc, examina ses quatre murs blanchis à la chaux, compta les solives de son plancher, inventoria ses ustensiles de ménage appendus à des clous, maugréa d'un soin qui ne lui laissait rien à dire, et regarda sa femme, laquelle ne soufflait mot en repassant les aubes et les surplis de la sacristie.

— Par mon salut, dit-il pour entamer la

conversation, je ne sais, Jacqueline, où tu vas pêcher tes apprenties. En voilà une, ajouta-t-il en montrant une ouvrière qui plissait assez maladroitement une nappe d'autel, en vérité, plus je la mire, plus je pense qu'elle ressemble à une fille folle de son corps, et non à une bonne grosse serve de campagne. Elle a des mains aussi blanches que celles d'une dame ! Jour de Dieu, ses cheveux sentent le parfum, je crois ! Et ses chausses sont fines comme celles d'une reine. Par la double corne de Mahom, les choses céans ne vont pas à mon gré.

L'ouvrière se prit à rougir, et guigna Jacqueline d'un air qui exprimait une crainte mêlée d'orgueil. La blanchisseuse répondit à ce regard par un sourire, quitta son ouvrage, et d'une voix aigrelette : — Ah çà ! dit-elle à son mari, ne m'impatiente pas ! Ne vas-tu point m'accuser de quelques manigances ?

Trotte sur ton pavé tant que tu voudras, et ne te mêle de ce qui se passe ici que pour dormir en paix, boire ton vin, et manger ce que je te mets sur la table; sinon, je ne me charge plus de t'entretenir en joie et en santé. Trouvez-moi dans toute la ville un homme plus heureux que ce singe-là! ajouta-t-elle en lui faisant une grimace de reproche. Il a de l'argent dans son escarcelle, il a pignon sur Seine, une vertueuse hallebarde d'un côté, une honnête femme de l'autre, une maison aussi propre, aussi nette que mon œil; et ça se plaint comme un pèlerin ardé du feu Saint-Antoine!

— Ah! reprit le sergent, crois-tu, Jacqueline, que j'aie envie de voir mon logis rasé, ma hallebarde aux mains d'un autre et ma femme au pilori?

Jacqueline et la délicate ouvrière pâlirent.

— Explique-toi donc, reprit vivement la blanchisseuse, et fais voir ce que tu as dans ton sac. Je m'aperçois bien, mon gars, que depuis quelques jours tu loges une sottise dans ta pauvre cervelle. Allons, viens ça ! et défile-moi ton chapelet. Il faut que tu sois bien couard pour redouter le moindre grabuge en portant la hallebarde du parloir aux bourgeois, et en vivant sous la protection du Chapitre. Les chanoines mettraient le diocèse en interdit si Jacqueline se plaignait à eux de la plus mince avanie.

En disant cela, elle marcha droit au sergent et le prit par le bras : — Viens donc, ajouta-t-elle en le faisant lever et l'emmenant sur les degrés.

Quand ils furent au bord de l'eau, dans leur jardinet, Jacqueline regarda son mari d'un air moqueur : — Apprends, vieux truand, que quand cette belle dame sort du logis, il entre une pièce d'or dans notre épargne.

— Oh! oh! fit le sergent, qui resta pensif et coi devant sa femme ; mais il reprit bientôt : — Eh donc, nous sommes perdus. Pourquoi cette femme vient-elle chez nous?

— Elle vient voir le joli petit clerc que nous avons là-haut, reprit Jacqueline en montrant la chambre dont la fenêtre avait vue sur la vaste étendue de la Seine.

— Malédiction! s'écria le sergent. Pour quelques traîtres écus, tu m'auras ruiné, Jacqueline. Est-ce là un métier que doive faire la sage et prude femme d'un sergent? Mais fût-elle comtesse ou baronne, cette dame ne saurait nous tirer du traquenard où nous serons tôt ou tard emboisés. N'aurons-nous pas contre nous un mari puissant et grandement offensé? car, jardini! elle est bien belle.

— Oui-dà, elle est veuve, vilain oison ! Comment-oses-tu soupçonner ta femme de vilenie et de bêtises? Cette dame n'a jamais parlé à notre gentil clerc. Elle se contente de le voir et de penser à lui. Pauvre enfant ! sans elle, il serait déjà mort de faim. Elle est quasiment sa mère. Et lui, le chérubin, il est aussi facile de le tromper que de bercer un nouveau-né. Il croit que ses deniers vont toujours, et il les a déjà deux fois mangés depuis six mois.

— Femme, répondit gravement le sergent en lui montrant la place de Grève, te souviens-tu d'avoir vu d'ici le feu dans lequel on a rôti l'autre jour cette Danoise?

— Eh bien ! dit Jacqueline effrayée.

— Eh bien! reprit Tirechair, les deux étrangers que nous aubergeons sentent le roussi. Il n'y a chapitre, comtesse, ni protection qui tiennent. Voilà Pâques venu, l'année finie, il faut les mettre à la porte, et vite et tôt. Apprendras-tu donc à un sergent à reconnaître le gibier de potence? Nos deux hôtes avaient pratiqué la Porrette, cette hérétique de Danemarck ou de Norwège dont tu as entendu d'ici le dernier cri. C'était une courageuse diablesse, elle n'a point sourcillé sur son fagot, ce qui prouvait abondamment son accointance avec le diable. Je l'ai vue comme je te vois. Elle prêchait encore l'assistance, disant qu'elle était dans le ciel et voyait Dieu. Eh bien! depuis ce jour, je n'ai point dormi tranquillement sur mon grabat. Le vieux seigneur couché au-dessus de nous est plus sûrement sorcier que chrétien. Foi de sergent! j'ai le frisson quand il passe près de moi. La nuit, jamais il ne dort; si je m'éveille, sa voix retentit comme le bourdonnement des cloches, et je lui entends faire ses conjurations dans la langue de l'enfer. Lui as-tu jamais vu manger une honnête croûte de pain, une fouace faite par la main d'un talmellier catholique? Sa peau brune a été cuite et hâlée par le feu de l'enfer. Jour de Dieu! ses yeux exercent un charme, comme ceux des serpens! Jacqueline, je ne veux pas de ces deux hommes chez moi. Je vis trop près de la justice pour ne pas savoir qu'il faut ne jamais rien avoir à démêler avec elle. Tu mettras nos deux locataires à la porte: le vieux parce qu'il m'est suspect, le jeune parce qu'il est trop mignon. L'un et l'autre ont l'air de ne point hanter les chrétiens. Ils ne vivent certes pas comme nous vivons. Le petit regarde toujours la lune, les étoiles et les nuages, en sorcier qui guette l'heure de monter sur son balai. L'autre sournois se sert bien certainement de ce pauvre enfant pour quelque sortilége. Mon bouge est déjà sur la rivière, j'ai assez de cette cause de ruine sans y attirer le feu du ciel ou l'amour d'une comtesse. J'ai dit. Ne bronche pas.

Malgré le despotisme qu'elle exerçait au logis, Jacqueline resta stupéfaite en entendant l'espèce de réquisitoire fulminé par le sergent contre ses deux hôtes. En ce moment, elle regarda machinalement la fenêtre de la chambre où logeait le vieillard, et frissonna d'horreur en y rencontrant tout-à-coup la face sombre et mélancolique, le regard profond qui faisaient tressaillir le sergent, quelque habitué qu'il fût à voir des criminels. A cette époque, petits et grands, clercs et laïques, tout tremblait à la pensée d'un pouvoir surnaturel. Le mot de magie était aussi puissant que la lèpre pour briser les sentimens, rompre les liens sociaux, et glacer la pitié dans les cœurs les plus généreux: La femme du sergent pensa soudain qu'elle n'avait jamais vu ses deux hôtes faisant acte de créature humaine. Quoique la voix du plus jeune fût douce et mélodieuse comme les sons d'une flûte, elle l'entendait si rarement, qu'elle fut tentée de la prendre pour l'effet d'un sortilége. En se rappelant l'étrange beauté de son visage blanc et rose, en revoyant par le souvenir sa chevelure blonde et les feux humides de son regard, elle crut y reconnaître les artifices du démon. Elle se souvint d'être restée pendant des journées entières sans avoir entendu le plus léger bruit chez les deux étrangers. Où étaient-ils pendant ces longues heures? Tout-à-coup, les circonstances les plus singulières revinrent en foule à sa mémoire. Elle fut complètement saisie par la peur, et voulut voir une preuve de magie dans l'amour que la riche dame portait à ce jeune Godefroy, pauvre orphelin venu de Flandre à Paris pour étudier à l'Université. Elle mit promptement la main dans une de ses poches, en tira vivement quatre livres tournois en grands blancs, et regarda les pièces par un sentiment d'avarice mêlé de crainte.

— Ce n'est pourtant pas là de la fausse monnaie? dit-elle en montrant les sous d'argent à son mari. — Puis, ajouta-t-elle, comment les mettre hors de chez nous après avoir reçu d'avance le loyer de l'année prochaine?

— Tu consulteras le doyen du chapitre, répondit le sergent. N'est-ce pas à lui de nous dire comment nous devons nous comporter avec des êtres extraordinaires?

— Oh! oui, bien extraordinaires, s'écria Jacqueline. Voyez la malice! venir se gîter dans le giron même de Notre-Dame! Mais, reprit-elle, avant de consulter le doyen, pourquoi ne pas prévenir cette noble et digne dame du danger qu'elle court?

En achevant ces paroles, Jacqueline et le sergent qui n'avait pas perdu un coup de dent rentrèrent au logis. Tirechair, en homme vieilli dans les ruses de son métier, feignit de prendre l'inconnue pour une véritable ouvrière; mais cette indifférence apparente laissait percer la crainte d'un courtisan qui respecte un royal incognito. En ce moment, six heures sonnèrent au clocher de Saint-Denis-du-Pas, petite église qui se trouvait entre Notre-Dame et le port Saint-Landry, la première cathédrale bâtie à Paris, au lieu même où saint Denis a été mis sur le gril, disent les chroniques. Aussitôt l'heure vola de cloche en cloche par toute la Cité. Tout-à-coup, des cris confus s'élevèrent sur la rive gauche de la Seine, derrière Notre-Dame, à l'endroit où fourmillaient les écoles de l'Université. A ce signal, le vieil hôte de Jacqueline se remua dans sa chambre. Le sergent, sa femme et l'inconnue entendirent ouvrir et fermer brusquement une porte, et le pas lourd de l'étranger retentit sur les marches de l'escalier intérieur. Les soupçons du sergent donnaient à l'apparition de ce personnage un si haut intérêt, que les visages de Jacqueline et du sergent offrirent tout-à-coup une expression bizarre dont la dame fut saisie. Rapportant, comme toutes les personnes qui aiment, l'effroi du couple à son protégé, l'inconnue attendit avec une sorte d'inquiétude l'évènement qu'annonçait la peur de ses prétendus maîtres.

L'étranger resta pendant un instant sur le seuil de la porte pour examiner les trois personnes qui étaient dans la salle, en paraissant y chercher son compagnon. Le regard qu'il leur jeta, quelque insouciant qu'il fût, troubla les cœurs. Il était vraiment impossible à tout le monde, et même à un homme ferme, de ne pas avouer que la nature avait départi des pouvoirs exorbitans à cet être en apparence surnaturel. Quoique ses yeux fussent assez profondément enfoncés sous les grands arceaux dessinés par ses sourcils, ils étaient comme ceux d'un milan enchâssés dans des paupières si larges et bordés d'un cercle noir si vivement marqué sur le haut de sa joue, que leurs globes semblaient être en saillie. Cet œil magique avait je ne sais quoi de despotique et de perçant qui saisissait l'âme par un regard pesant et plein de pensées, un regard brillant et lucide comme celui des serpens ou des oiseaux ; mais qui stupéfiait, qui écrasait par la véloce communication d'un immense malheur ou de quelque puissance surhumaine. Tout était en harmonie avec ce regard de plomb et de feu, fixe et mobile, sévère et calme. Si dans ce grand œil d'aigle les agitations terrestres paraissaient en quelque sorte éteintes, le visage maigre et sec portait aussi les traces de passions malheureuses et de grands évènemens accomplis. Le nez tombait droit et se prolongeait de telle sorte que les narines semblaient le retenir. Les os de la face étaient nettement accusés par des rides droites et longues qui creusaient les joues décharnées. Tout ce qui formait un creux dans sa figure paraissait sombre. Vous eussiez dit le lit d'un torrent où la violence des eaux écoulées était attestée par la profondeur des sillons qui trahissaient quelque lutte horrible, éternelle. Semblables à la trace laissée par les rames d'une barque sur les ondes, de larges plis partant de chaque côté de son nez accentuaient fortement son visage, et donnaient à sa bouche, ferme et sans sinuosités, un caractère d'amère tristesse. Au-dessus de l'ouragan peint sur ce visage, son front tranquille s'élançait avec une sorte de hardiesse et le couronnait comme d'une coupole en marbre. L'étranger gardait cette attitude intrépide et sérieuse que contractent les hommes habitués au malheur, faits par la nature pour affronter avec impassibilité les foules furieuses, et pour regarder en face les grands dangers. Il semblait se mouvoir dans une sphère à lui, d'où il planait au-dessus de l'humanité. Ainsi que son regard, son geste possédait une irrésistible puissance ; ses mains décharnées étaient celles d'un guerrier ; s'il fallait baisser les yeux quand les siens plongeaient sur vous, il fallait également trembler quand sa parole ou son action s'adressaient à votre âme. Il marchait entouré d'une majesté silencieuse qui le faisait prendre pour un despote sans gardes, pour quelque Dieu sans rayons. Son costume ajoutait encore aux idées qu'inspiraient les singularités de sa démarche ou de sa physionomie. L'âme, le corps et l'habit s'harmoniaient ainsi de manière à impressionner les imaginations les plus froides. Il portait une espèce de surplis en drap noir, sans manches, qui s'agrafait par devant et descendait jusqu'à mi-jambe, en lui laissant le col nu, sans rabat. Son justaucorps et ses bottines, tout était noir. Il avait sur la tête une calotte en velours semblable à celle d'un prêtre, et qui traçait une ligne circulaire au-dessus de son front sans qu'un seul cheveu s'en échappât. C'était le deuil le plus rigide et l'habit le plus sombre dont un homme pût être revêtu. Sans une longue épée qui pendait à son côté, soutenue par un ceinturon de cuir que l'on apercevait à la fente du surtout noir, un ecclésiastique l'eût salué comme un frère. Quoiqu'il fût de taille moyenne, il paraissait grand; mais en le regardant au visage, il devenait gigantesque.

— L'heure a sonné, la barque attend, ne viendrez-vous pas?

A ces paroles prononcées en mauvais français, mais qui furent facilement entendues au milieu du silence, un léger frémissement retentit dans l'autre chambre, et le jeune homme en descendit avec la rapidité d'un oiseau. Quand il se montra, le visage de la dame s'empourpra, elle trembla, tressaillit, et se fit un voile de ses mains blanches. Toute femme eût partagé cette émotion en contemplant un homme de vingt ans environ, mais dont la taille et les formes étaient si frêles qu'au premier coup d'œil vous eussiez cru voir un enfant ou quelque jeune fille déguisée. Son chaperon noir, semblable au béret des Basques, laissait apercevoir un front blanc comme de la neige où la grâce et l'innocence étincelaient en exprimant une suavité divine, reflet d'une âme pleine de foi. L'imagination des poètes aurait voulu y chercher cette étoile que, dans je ne sais quel conte, une mère pria la fée-marraine d'empreindre sur le front de son enfant abandonné comme Moïse au gré des flots. L'amour respirait dans les milliers de boucles blondes qui retombaient sur ses épaules; son cou, véritable cou de cygne, était blanc et d'une admirable rondeur; ses yeux bleus, pleins de vie et limpides, semblaient réfléchir le ciel; les traits de son visage, la coupe de son front étaient d'un fini, d'une délicatesse à ravir un peintre. La fleur de beauté qui dans les figures de femme nous cause d'intarissables émotions, cette exquise pureté des lignes, cette lumineuse auréole posée sur des traits adorés, se mariaient à des teintes mâles, à une puissance encore adolescente, qui formaient de délicieux contrastes. C'était enfin un de ces visages mélodieux qui, muets, nous parlent et nous attirent. Cependant en le contemplant avec un peu d'attention, peut-être aurait-on reconnu l'espèce de flétrissure qu'imprime une grande pensée ou la passion, dans une verdeur mate qui faisait ressembler sa figure à une jeune feuille se dépliant au soleil. Aussi, jamais opposition ne fut-elle plus brusque ni plus vive que ne l'était celle offerte par la réunion de ces deux êtres. Il semblait voir un gracieux et faible arbuste né dans le creux d'un vieux saule, dépouillé par le temps, sillonné par la foudre, décrépit, un de ces saules majestueux, l'admiration des peintres; le timide arbrisseau s'y met à l'abri des orages. L'un était un dieu, l'autre était un ange; celui-ci le poète qui sent, celui-là le poète qui traduit; un prophète souffrant, un lévite en prières. Tous deux passèrent en silence.

— Avez-vous vu comme il l'a sifflé? s'écria le sergent de ville au moment où le pas des deux étrangers ne s'entendit plus sur la grève. N'est-ce point un diable et son page?

— Ouf! répondit Jacqueline, j'étais oppressée. Jamais je ne les avais examinés si attentivement. Il est malheureux, pour nous autres femmes, que le démon puisse prendre un aussi gentil visage!

— Oui, jette-lui de l'eau bénite, s'écria Tirechair, et tu le verras se changer en crapaud. Je vais aller tout dire à l'officialité.

En entendant ce mot, la dame se réveilla de la rêverie dans laquelle elle était plongée, et regarda le sergent qui mettait sa casaque bleue et rouge.

— Où courez-vous? dit-elle.

— Informer la justice que nous logeons des sorciers, bien à notre corps défendant.

L'inconnue se prit à sourire.

— Je suis la comtesse Mahaut, dit-elle en se levant avec une dignité qui rendit le sergent tout pantois. Gardez-vous de faire la plus légère peine à vos hôtes. Honorez surtout le vieillard, je l'ai vu chez le roi votre seigneur qui l'a courtoisement accueilli, vous seriez mal avisé de lui causer le moindre encombre. Quant à mon séjour chez vous, n'en sonnez mot, si vous aimez la vie.

La comtesse se tut et retomba dans sa méditation. Elle releva bientôt la tête, fit un signe à Jacqueline, et toutes deux montèrent à la chambre de Godefroy. La belle comtesse regarda le lit, les chaires de bois, le bahut, les tapisseries, la table, avec un bonheur semblable à celui du banni qui contemple, au retour, les toits pressés de sa ville natale, assise au pied d'une colline.

— Si tu ne m'as pas trompée, dit-elle à Jacqueline, je te promets cent écus d'or.

— Tenez, madame, répondit l'hôtesse, le

pauvre ange est sans méfiance, voici tout son bien!

Disant cela, Jacqueline ouvrait un tiroir de la table, et montrait quelques parchemins.

— O Dieu de bonté! s'écria la comtesse en saisissant un contrat qui attira soudain son attention et où elle lut : GOTHOFREDUS COMES GANTIACUS. (*Godefroid, comte de Gand.*)

Elle laissa tomber le parchemin, passa la main sur son front; mais se trouvant sans doute compromise de laisser voir son émotion à Jacqueline, elle reprit une contenance froide.

— Je suis contente! dit-elle.

Puis elle descendit et sortit de la maison. Le sergent et sa femme se mirent sur le seuil de leur porte, et lui virent prendre le chemin du port. Un bateau se trouvait amarré près de là. Quand le frémissement du pas de la comtesse put être entendu, un marinier se leva soudain, aida la belle ouvrière à s'asseoir sur un banc, et rama de manière à faire voler le bateau comme une hirondelle, en aval de la Seine.

— Es-tu bête! dit Jacqueline en frappant familièrement sur l'épaule du sergent. Nous avons gagné ce matin cent écus d'or.

— Je n'aime pas plus loger des seigneurs que loger des sorciers. Je ne sais qui des uns ou des autres nous mènent plus vitement au gibet, répondit Tirechair en prenant sa hallebarde. Je vais, reprit-il, aller faire ma ronde du côté de Champfleuri. Ah! que Dieu nous protège, et me fasse rencontrer quelque galloise ayant mis ce soir ses anneaux d'or pour briller dans l'ombre comme un ver luisant !

Jacqueline, restée seule au logis, monta précipitamment dans la chambre du seigneur inconnu pour tâcher d'y trouver quelques renseignemens sur cette mystérieuse affaire. Semblable à ces savans qui se donnent des peines infinies pour compliquer les principes clairs et simples de la nature, elle avait déjà bâti un roman informe qui lui servait à expliquer la réunion de ces trois personnages sous son pauvre toit. Elle fouilla le bahut, examina tout, et ne put rien découvrir d'extraordinaire. Elle vit seulement sur la table une écritoire et quelques feuilles de parchemin; mais comme elle ne savait pas lire, cette trouvaille ne pouvait lui rien apprendre. Un sentiment de femme la ramena dans la chambre du beau jeune homme, d'où elle aperçut par la croisée ses deux hôtes qui traversaient la Seine dans le bateau du passeur.

— Ils sont comme deux statues, se dit-elle. Ah! ah! ils abordent devant la rue du Fouarre. Est-il leste le petit mignon! il a sauté à terre comme un bouvreuil. Près de lui, le vieux ressemble à quelque saint de pierre de la cathédrale. Ils vont à l'ancienne école des Quatre-Nations. Prest! je ne les vois plus. — C'est là qu'il respire, ce pauvre chérubin! ajouta-t-elle en regardant les meubles de la chambre. Est-il galant et plaisant! Ah! ces seigneurs, c'est autrement fait que nous.

Et Jacqueline descendit après avoir passé la main sur la couverture du lit, épousseté le bahut, et s'être demandé pour la centième fois depuis six mois : — A quoi diable passe-t-il toutes ses saintes journées? Il ne peut pas toujours regarder dans le bleu du temps et dans les étoiles que Dieu a pendues là-haut comme des lanternes. Le cher enfant a du chagrin. Mais pourquoi le vieux maître et lui ne se parlent-ils presque point? Puis elle se perdit dans ses pensées, qui, dans sa cervelle de femme, se brouillèrent comme un écheveau de fil.

Le vieillard et le jeune homme étaient entrés dans une des écoles qui rendaient à cette époque la rue du Fouarre si célèbre en Europe. L'illustre Sigier, le plus fameux docteur en Théologie mystique de l'Université de Paris, montait à sa chaire au moment où les deux locataires de Jacqueline arrivèrent à l'ancienne école des Quatre-Nations, dans une grande salle basse, de plain-pied avec la rue. Les dalles froides étaient garnies de paille fraîche, sur laquelle un bon nombre d'étudians avaient tous un genou appuyé, l'autre relevé, pour sténographier l'improvisation du maître à l'aide de ces abréviations qui font le désespoir des déchiffreurs modernes. La salle était pleine, non seulement d'écoliers, mais encore des hommes les plus distingués du clergé, de la cour et de l'ordre judiciaire. Il s'y trouvait des savans étrangers, des gens d'épée et de riches bourgeois. Là se rencontraient ces faces larges, ces fronts protubérans, ces barbes vénérables qui nous inspirent une sorte de religion pour nos ancêtres à l'aspect des portraits du moyen âge. Des visages maigres aux yeux brillans et enfoncés, surmontés de crânes jaunis dans les fatigues d'une scolastique impuissante, la passion favorite du siècle, contrastaient avec de jeunes têtes ardentes, avec des hommes graves, avec des figures guerrières, avec les joues rubicondes de quelques financiers. Ces leçons, ces dissertations, ces thèses soutenues par les génies les plus brillans du treizième et du quatorzième siècles excitaient l'enthousiasme de nos pères; elles étaient leurs combats de taureaux, leur Italiens, leur tragédie, leurs grands danseurs, tout leur théâtre enfin. Les représentations de mystères ne vinrent qu'après ces luttes spirituelles qui peut-être engendrèrent la scène française. Une éloquente inspiration qui réunissait l'attrait de la voix humaine habilement maniée, les subtilités de l'éloquence et des recherches hardies dans les secrets de Dieu, satisfaisait alors à toutes les curiosités, émouvait les âmes, et composait le spectacle à la mode. La Théologie ne résumait pas seulement les sciences, elle était la science même, comme le fut autrefois la Grammaire chez les Grecs, et présentait un fécond avenir à ceux qui se distinguaient dans ces duels, où, comme Jacob, les orateurs combattaient avec l'esprit de Dieu. Les ambassades, les arbitrages entre les souverains, les chancelleries, les dignités ecclésiastiques, appartenaient aux hommes dont la parole s'était aiguisée dans les controverses théologiques. La chaire était la tribune de l'époque. Ce système vécut jusqu'au jour où Rabelais immola l'ergotisme sous ses terribles moqueries, comme Cervantes tua la chevalerie avec une comédie écrite.

Pour comprendre ce siècle extraordinaire, l'esprit qui en dicta les chefs-d'œuvre inconnus aujourd'hui, quoique immenses, enfin pour s'en expliquer tout jusqu'à la barbarie, il suffit d'étudier les constitutions de l'Université de Paris, et d'examiner l'enseignement bizarre alors en vigueur. La Théologie se divisait en deux Facultés, celle de THÉOLOGIE proprement dite, et celle de DÉCRET. La Faculté de Théologie avait trois sections : la Scolastique, la Canonique et la Mystique. Il serait fastidieux d'expliquer les attributions de ces diverses parties de la science, puisqu'une seule, la Mystique, est le sujet de cette étude. La THÉOLOGIE MYSTIQUE embrassait l'ensemble des *révélations divines* et l'explication des *mystères*. Cette branche de l'ancienne théologie est secrètement restée en honneur parmi nous. Jacob Bœhm, Swedenborg, Martinez Pasquallis, Saint-Martin, Molinos, mesdames Guyon, Bourignon et Krudener, la grande secte des extatiques, celle des illuminés, ont, à diverses époques, dignement conservé les doctrines de cette science, dont le but a quelque chose d'effrayant et de gigantesque. Aujourd'hui, comme au temps du docteur Sigier, il s'agit de donner à l'homme des ailes pour pénétrer dans le sanctuaire où Dieu se cache à nos regards. Cette digression était nécessaire pour l'intelligence de la scène à laquelle le vieillard et le jeune homme partis du terrain Notre-Dame venaient assister; puis elle défendra de tout reproche cette Étude, que certaines personnes hardies à juger pourraient soupçonner de mensonge et taxer d'hyperbole.

Le docteur Sigier était de haute taille et dans la force de l'âge. Sauvée de l'oubli par les fastes universitaires, sa figure offrait de frappantes analogies avec celle de Mirabeau. Elle était marquée au sceau d'une éloquence impétueuse, animée, terrible. Le docteur avait au front les signes d'une croyance religieuse et d'une ardente foi qui manquèrent à son Sosie; sa voix possédait de plus une douceur persuasive, un timbre éclatant et flatteur. En ce moment, le jour que les croisées à petits vitraux garnis de plomb répandaient avec parcimonie, colorait cette assemblée de teintes capricieuses en y créant çà et là de vigoureux contrastes par le mélange de la lueur et des ténèbres. Ici des yeux étincelaient en des coins obscurs; là de noires chevelures, caressées par des rayons, semblaient lumineuses au-dessus de quelques visages ensevelis dans l'ombre; puis, plusieurs crânes découronnés, conservant une faible ceinture de cheveux blancs, apparaissaient au-dessus de la foule comme des créneaux argentés par la lune. Toutes les têtes, tournées vers le docteur, restaient muettes, impatientes. Les voix monotones des autres professeurs dont les écoles étaient voisines, retentissaient dans la rue silencieuse comme le murmure des flots de la mer. Le pas des deux inconnus qui arrivèrent en ce moment attira l'attention générale. Le docteur Sigier, prêt à prendre la parole, vit le majestueux vieillard debout, lui chercha de l'œil une place, et n'en trouvant pas, tant la foule était grande, il descendit, vint à lui d'un air respectueux, et le fit asseoir sur l'escalier de la chaire en lui prêtant son escabeau. L'assemblée accueillit cette faveur par un long murmure d'approbation, en reconnaissant dans le vieillard le héros d'une admirable thèse récemment soutenue à la Sorbonne. L'inconnu jeta sur l'auditoire, au-dessus duquel il planait, ce profond regard qui racontait tout un poème de malheurs, et ceux qu'il atteignit éprouvèrent d'indéfinissables tressaillemens. L'enfant qui suivait le vieillard s'assit sur une des marches, et s'appuya contre la chaire, dans une pose ravissante de grâce et de tristesse. Le silence devint profond, le seuil de la porte, la rue même, furent obstrués en peu d'instans par une foule d'écoliers qui désertèrent les autres classes.

Le docteur Sigier devait résumer, en un dernier discours, les théories qu'il avait données sur la résurrection, sur le ciel et l'enfer, dans ses leçons précédentes. Sa curieuse doctrine répondait aux sympathies de l'époque, et satisfaisait à ces désirs immodérés du merveilleux qui tourmentent les hommes à tous les âges du monde. Cet effort de l'homme pour saisir un infini qui échappe sans cesse à ses mains débiles, ce dernier assaut de la pensée avec elle-même, était une œuvre digne d'une assemblée où brillaient alors toutes les lumières de ce siècle, où scintillait peut-être la plus vaste des imaginations humaines. D'abord le docteur rappela simplement, d'un ton doux et sans emphase, les principaux points précédemment établis.

« Aucune intelligence ne se trouvait égale à une autre. L'homme était-il en droit de demander compte à son créateur de l'inégalité des forces morales données à chacun? Sans vouloir pénétrer tout-à-coup les desseins de Dieu, ne devait-on pas reconnaître en fait que, par suite de leurs dissemblances générales, les intelligences se divisaient en de grandes sphères? Depuis la sphère où brillait le moins d'intelligence jusqu'à la plus translucide où les âmes apercevaient le chemin pour aller à Dieu, n'existait-il pas une gradation réelle de spiritualité? les esprits appartenant à une même sphère ne s'entendaient-ils pas fraternellement, en âme, en chair, en pensée, en sentiment? »

Là, le docteur développait de merveilleuses théories relatives aux sympathies. Il expliquait dans un langage biblique les phénomènes de l'amour, les répulsions instinctives, les attractions vives qui méconnaissent les lois de l'espace, les cohésions soudaines des âmes qui semblent se reconnaître. Quant aux divers degrés de force dont nos affections étaient susceptibles, il les résolvait par la place plus ou moins rapprochée du centre que les êtres occupaient dans leurs cercles respectifs. Il révélait sophistiquement une grande pensée de Dieu dans la coordonnation des différentes sphères humaines. Par l'homme, disait-il, ces sphères créaient un monde intermédiaire entre l'intelligence de la brute et l'intelligence des anges. Selon lui, la Parole *divine* nourrissait la Parole *spiri-*

tuelle, la Parole *spirituelle* nourrissait la Parole *animée*, la Parole *animée* nourrissait la Parole *animale*, la Parole *animale* nourrissait la Parole *végétale*, et la Parole *végétale* exprimait la vie de la Parole *stérile*. Les successives transformations de chrysalide que Dieu imposait ainsi à nos âmes, et cette espèce de vie infusoire qui, d'une zone à l'autre, se communiquait toujours plus vive, plus spirituelle, plus clairvoyante, développait confusément, mais assez merveilleusement peut-être pour ses auditeurs inexpérimentés, le mouvement imprimé par le Très-Haut à la Nature. Secouru par de nombreux passages empruntés aux livres sacrés, et dont il se servait pour se commenter lui-même, pour exprimer par des images sensibles les raisonnemens abstraits qui lui manquaient, il secouait l'esprit de Dieu comme une torche à travers les profondeurs de la création, avec une éloquence qui lui était propre et dont les accens sollicitaient la conviction de son auditoire. Déroulant ce mystérieux système dans toutes ses conséquences, il donnait la clef de tous les symboles, justifiait les vocations, les dons particuliers, les génies, les talens humains. Devenant tout-à-coup physiologiste par instinct, il rendait compte des ressemblances animales inscrites sur les figures humaines, par des analogies primordiales et par le mouvement ascendant de la création. Il vous faisait assister au jeu de la nature, assignait une mission, un avenir aux minéraux, à la plante, à l'animal. La Bible à la main, après avoir spiritualisé la Matière et matérialisé l'Esprit, après avoir fait entrer la volonté de Dieu en tout, et imprimé du respect pour ses moindres œuvres, il admettait la possibilité de parvenir par la foi d'une sphère à une autre.

Telle fut la première partie de son discours,

le conduira sans doute en quelque sentier lumineux semblable à celui dans lequel je marche. Mais, s'il est beau comme un ange, n'est-il pas trop faible pour résister à de si rudes combats!

Intimidé par la présence de son compagnon, dont la voix foudroyante lui exprimait ses propres pensées, comme l'éclair traduit les volontés du ciel, l'enfant se contentait de regarder les étoiles avec les yeux d'un amant. Accablé par un luxe de sensibilité qui lui écrasait le cœur, il était là, faible et craintif, comme un moucheron inondé de soleil. La voix de Sigier leur avait célestement déduit les mystères du monde moral; le grand vieillard devait les revêtir de gloire; l'enfant les sentait en lui-même sans pouvoir en rien exprimer; tous trois transfiguraient par de vivantes images la Science, la Poésie et le Sentiment.

En rentrant au logis, l'étranger s'enferma dans sa chambre, alluma sa lampe inspiratrice, et se confia au terrible démon du travail, en demandant des mots au silence, des idées à la nuit. Godefroy s'assit au bord de sa fenêtre, regarda tour à tour les reflets de la lune dans les eaux, étudia les mystères du ciel. Livré à l'une de ces extases qui lui étaient familières, il voyagea de sphère en sphère, de visions en visions, écoutant et croyant entendre de sourds frémissemens et des voix d'anges, voyant ou croyant voir des lueurs divines au sein desquelles il se perdait, essayant de parvenir au point éloigné, source de toute lumière, principe de toute harmonie. Bientôt la grande clameur de Paris propagée par les eaux de la Seine s'apaisa, les lueurs s'éteignirent une à une en haut des maisons, le silence régna dans toute son étendue, et la vaste cité s'endormit comme un géant fatigué. Minuit sonna. Le plus léger bruit, la chute d'une feuille ou le vol d'un *choucas* changeant de place dans les cimes de Notre-Dame, eussent alors rappelé l'esprit de l'étranger sur la terre, eussent fait quitter à l'enfant les hauteurs célestes vers lesquelles son âme était montée sur les ailes de l'extase. En ce moment, le vieillard entendit avec horreur dans la chambre voisine un gémissement qui se confondit avec la chute d'un corps lourd que l'oreille expérimentée du banni reconnut pour être un cadavre. Il sortit précipitamment, entra chez Godefroy, le vit gisant comme une masse informe, aperçut une longue corde serrée à son cou et qui serpentait à terre. Quand il l'eut dénouée, l'enfant ouvrit les yeux.

— Où suis-je, demanda-t-il avec une expression de plaisir.

— Chez vous, dit le vieillard en regardant avec surprise le cou de Godefroy, le clou auquel la corde avait été attachée, et qui se trouvait encore au bout.

— Dans le ciel, répondit l'enfant d'une voix délicieuse.

— Non, sur la terre! répliqua le vieillard.

Godefroy marcha dans la ceinture de lumière tracée par la lune à travers la chambre dont le vitrail était ouvert, il revit la Seine frémissante, les saules et les herbes du Terrain. Une nuageuse atmosphère s'élevait au-dessus des eaux comme un dais de fumée. A ce spectacle pour lui désolant, il se croisa les mains sur la poitrine et prit une attitude de désespoir. Le vieillard vint à lui, l'étonnement peint sur la figure.

— Vous avez voulu vous tuer? lui demanda-t-il.

— Oui, répondit Godefroy en laissant l'étranger lui passer à plusieurs reprises les mains sur le cou pour examiner l'endroit où les efforts de la corde avaient porté.

Malgré de légères contusions, le jeune homme avait dû peu souffrir. Le vieillard présuma que le clou avait promptement cédé au poids du corps, et que ce fatal essai s'était terminé par une chute sans danger.

— Pourquoi donc, cher enfant, avez-vous tenté de mourir?

— Ah! répondit Godefroy ne retenant plus les larmes qui roulaient dans ses yeux, j'ai entendu la voix d'en-haut! Elle m'appelait par mon nom! Elle ne m'avait pas encore nommé; mais cette fois, elle me conviait au ciel! Oh! combien cette voix est douce! — Ne pouvant m'élancer dans les cieux, ajouta-t-il avec un geste naïf, j'ai pris pour aller à Dieu la seule route que nous ayons.

— Oh, enfant, enfant sublime! s'écria le

vieillard en enlaçant Godefroy dans ses bras et le pressant avec enthousiasme sur son cœur. Tu es poète, tu sais monter intrépidement sur l'ouragan! Ta poésie, à toi, ne sort pas de ton cœur! Tes vives, tes ardentes pensées, tes créations marchent et grandissent dans ton âme. Va, ne livre pas tes idées au vulgaire! sois l'autel, la victime et le prêtre tout ensemble! Tu connais les cieux, n'est-ce pas? Tu as vu ces myriades d'anges aux blanches plumes, aux sistres d'or qui tous tendent d'un vol égal vers le trône, et tu as admiré souvent leurs ailes qui, sous la voix de Dieu, s'agitent comme les touffes harmonieuses des forêts sous la tempête. Oh! combien l'espace sans bornes est beau! dis?

Le vieillard serra convulsivement la main de Godefroy, et tous deux contemplèrent le firmament dont les étoiles semblaient verser de caressantes poésies qu'ils entendaient.

— Oh! voir Dieu, s'écria doucement Godefroy.

— Enfant! reprit tout-à-coup l'étranger d'une voix sévère, as-tu donc si tôt oublié les enseignemens sacrés de notre bon maître le docteur Sigier? Pour revenir, toi dans ta patrie céleste, et moi dans ma patrie terrestre, ne devons-nous pas obéir à la voix de Dieu? Marchons résignés dans les rudes chemins où son doigt puissant a marqué notre route. Ne frémis-tu pas du danger auquel tu t'es exposé? Venu sans ordre, ayant dit: *Me voilà!* avant le temps, ne serais-tu pas retombé dans un monde inférieur à celui dans lequel ton âme voltige aujourd'hui? Pauvre chérubin égaré, ne devrais-tu pas bénir Dieu de t'avoir fait vivre dans une sphère où tu n'entends que de célestes accords? N'es-tu pas pur comme un diamant, beau comme une fleur? Ah! si, semblable à moi, tu ne connaissais que la cité des douleurs! A m'y promener, je me suis usé le cœur. Oh! fouiller dans les tombes pour leur demander d'horribles secrets; essuyer des mains altérées de sang, les compter pendant toutes les nuits, les contempler levées vers moi, en implorant un pardon que je ne puis accorder; étudier les convulsions de l'assassin et les derniers cris de sa victime; écouter d'épouvantables bruits et d'affreux silences; le silence d'un père dévorant ses fils morts; interroger le rire des damnés; chercher quelques formes humaines parmi des masses décolorées que le crime a roulées et tordues; apprendre des mots que les hommes vivans n'entendent pas sans mourir; toujours évoquer les morts, pour toujours les traduire et les juger, est-ce donc une vie?

— Arrêtez! s'écria Godefroy, je ne saurais vous regarder, vous écouter davantage! Ma raison s'égare, ma vue s'obscurcit. Vous allumez en moi un feu qui me dévore.

— Je dois cependant continuer, reprit le vieillard en secouant sa main par un mouvement extraordinaire qui produisit sur le jeune homme l'effet d'un charme. Pendant un moment, l'étranger fixa sur Godefroy ses grands yeux éteints et abattus; puis, il étendit le doigt vers la terre : vous eussiez cru voir alors un gouffre entr'ouvert à son commandement. Il resta debout, éclairé par les indécis et vagues reflets de la lune qui firent resplendir son front d'où s'échappa comme une lueur solaire. Si d'abord une expression presque dédaigneuse se perdit dans les sombres plis de son visage, bientôt son regard contracta cette fixité qui semble indiquer la présence d'un objet invisible aux organes ordinaires de la vue. Certes, ses yeux contemplèrent alors les lointains tableaux que nous garde la tombe. Jamais peut-être cet homme n'eut une apparence aussi grandiose. Une lutte terrible bouleversa son âme, vint réagir sur sa forme extérieure; et quelque puissant qu'il parût être, il plia comme une herbe qui se courbe sous la brise messagère des orages. Godefroy resta silencieux, immobile, enchanté. Une force inexplicable le cloua sur le plancher; et, comme lorsque notre attention nous arrache à nous-même, dans le spectacle d'un incendie ou d'une bataille, il ne sentit plus son propre corps.

— Veux-tu que je te dise la destinée au-devant de laquelle tu marchais, pauvre ange d'amour? Écoute! Il m'a été donné de voir les espaces immenses, les abîmes sans fin où vont s'engloutir les créations humaines, cette mer sans rives où court notre grand fleuve d'hommes et d'anges. En parcourant les régions des éternels supplices, j'étais préservé de la mort par le manteau d'un Immortel, ce vêtement de gloire dû au génie et que se passent les siècles, moi, chétif! Quand j'allais par les campagnes de lumière où se pressent les heureux, l'amour d'une femme, les ailes d'un ange, me soutenaient; porté sur son cœur, je pouvais goûter ces plaisirs ineffables dont l'étreinte est plus dangereuse pour nous, mortels, que ne le sont les angoisses du monde mauvais. En accomplissant mon pèlerinage à travers les sombres régions d'en-bas, j'étais parvenu de douleur en douleur, de crime en crime, de punitions en punitions, de silences atroces en cris déchirans sur le gouffre supérieur aux cercles de l'Enfer. Déjà, je voyais dans le lointain la clarté du Paradis qui brillait à une distance énorme, j'étais dans la nuit, mais sur les limites du jour. Je volais, emporté par mon guide, entraîné par une puissance semblable à celle qui pendant nos rêves nous ravit dans les sphères invisibles aux yeux du corps. L'auréole dont nos fronts étaient ceints faisait fuir les ombres sur notre passage, comme une impalpable poussière. Loin de nous, les soleils de tous les univers jetaient à peine la faible lueur des lucioles de mon pays. J'allais atteindre les champs de l'air où, vers le paradis, les masses de lumière se multiplient, où l'on fend facilement l'azur, où les innombrables mondes jaillissent comme des fleurs dans une prairie. Là, sur la dernière ligne circulaire qui appartenait encore aux fantômes que je laissais derrière moi, semblable à des chagrins qu'on veut oublier, je vis une grande ombre. Debout et dans une attitude ardente, cette âme dévorait les espaces du regard, ses pieds restaient attachés par le pouvoir de Dieu sur le dernier point de cette ligne où elle accomplissait sans cesse la tension pénible par laquelle nous projetons nos forces lorsque nous voulons prendre notre élan, comme des oiseaux prêts à s'envoler. Je reconnus un homme, il ne nous regarda, ne nous entendit pas ; tous ses muscles tressaillaient et haletaient ; par chaque parcelle de temps, il semblait éprouver sans faire un seul pas la fatigue de traverser l'infini qui le séparait du paradis où sa vue plongeait sans cesse, où il croyait entrevoir une image chérie. Sur la dernière porte de l'Enfer comme sur la première, je lus une expression de désespoir dans l'espérance. Le malheureux était si horriblement écrasé par je ne sais quelle force, que sa douleur passa dans mes os et me glaça. Je me réfugiai près de mon guide dont la protection me rendit à la paix et au silence. Semblable à la mère dont l'œil perçant voit le milan dans les airs ou l'y devine, l'ombre poussa un cri de joie. Nous regardâmes là où il regardait, et nous vîmes comme un saphir flottant au-dessus de nos têtes dans les abîmes de lumière. Cette éclatante étoile descendait avec la rapidité d'un rayon de soleil quand il apparaît au matin sur l'horizon, et que ses premières clartés glissent furtivement sur notre terre. La SPLENDEUR devint distincte, elle grandit; j'aperçus bientôt le nuage glorieux au sein duquel vont les anges, espèce de fumée brillante émanée de leur divine substance, et qui çà et là pétille en langues de feu. Une noble tête, dont il est impossible de supporter l'éclat sans avoir revêtu le manteau, le laurier, la palme, attribut des Puissances, s'élevait au-dessus de cette nuée aussi blanche, aussi pure que la neige. C'était une lumière dans la lumière! Ses ailes en frémissant semaient d'éblouissantes oscillations dans les sphères par lesquelles il passait, comme passe le regard de Dieu à travers les mondes. Enfin je vis l'archange dans sa gloire! La fleur d'éternelle beauté qui décore les anges de l'Esprit brillait en lui. Il tenait à la main une palme verte, et de l'autre un glaive flamboyant ; la palme, pour en décorer l'ombre pardonnée ; le glaive pour faire reculer l'Enfer entier par un seul geste. A son approche, nous sentîmes les parfums du ciel qui tombèrent comme une rosée. Dans la région où demeura l'Ange, l'air prit la couleur des opales, et s'agita par des ondulations dont il était le principe. Il arriva, regarda l'ombre, lui dit :—*A demain !* Puis il se retourna vers le ciel par un mouvement gracieux, étendit ses ailes, franchit les sphères comme un vaisseau fend les ondes en laissant à peine voir ses blanches voiles à des exilés laissés sur quelque plage déserte. L'ombre poussa d'effroyables cris auxquels les damnés répondirent depuis le cercle le plus profondément enfoncé dans l'immensité des mondes de douleur jusqu'à celui plus paisible à la surface duquel nous étions. La plus poignante de toutes les angoisses avait fait un appel à toutes les autres. La clameur se grossit des rugissemens d'une mer de feu qui servait comme de base à la terrible harmonie des innombrables millions d'âmes souffrantes. Puis tout-à-coup l'ombre prit son vol à travers la *cité dolente* et descendit de sa place jusqu'au fond même de l'Enfer; elle remonta subitement, revint, se replongea dans les cercles infinis, les parcourut dans tous les sens, semblable à un vautour qui, mis pour la première fois dans une volière, s'épuise en efforts superflus. L'ombre avait le droit d'errer ainsi, et pouvait traverser les zones de l'Enfer, glaciales, fétides, brûlantes, sans participer à leurs souffrances; elle glissait dans cette immensité comme un rayon du soleil se fait jour au sein de l'obscurité.

—Dieu ne lui a point infligé de punition, me dit le maître ; mais aucune de ces âmes dont tu as successivement contemplé les tortures, ne voudrait changer son supplice contre l'espérance sous laquelle cette âme succombe.

En ce moment, l'ombre revint près de nous, ramenée par une force invincible qui la condamnait à sécher sur le bord des enfers. Mon divin guide devina la curiosité dont j'étais saisi, toucha de son rameau le malheureux occupé peut-être à mesurer le siècle de peine qui se trouvait entre ce moment et ce lendemain toujours fugitif. L'ombre tressaillit, et nous jeta un regard plein de toutes les larmes qu'elle avait déjà versées.

— Vous voulez connaître mon infortune? dit-elle d'une voix triste. Oh! j'aime à la raconter. Je suis ici, Térésa est là-haut? voilà tout. Sur terre, nous étions heureux, nous étions toujours unis. Quand je vis pour la première fois ma chère Térésa Donati, elle avait dix ans. Nous nous aimâmes alors, sans savoir ce qu'était l'amour. Notre vie fut une même vie : je pâlissais de sa pâleur, j'étais heureux de sa joie; ensemble, nous nous livrâmes au charme de penser, de sentir, et l'un par l'autre nous apprîmes l'amour. Nous fûmes mariés dans Crémone, jamais nous ne connûmes nos lèvres que parées des perles du sourire, nos yeux rayonnèrent toujours; nos chevelures ne se séparèrent pas plus que nos vœux; toujours nos deux têtes se confondaient quand nous lisions, toujours nos pas s'unissaient quand nous marchions. La vie fut un long baiser, notre maison fut une couche. Un jour Térésa pâlit et me dit pour la première fois : — Je souffre ! Et je ne souffrais pas ! Elle ne se releva plus. Je vis, sans mourir, ses beaux traits s'altérer, ses cheveux d'or s'endolorir. Elle souriait pour me cacher ses douleurs; mais je les lisais dans l'azur de ses yeux dont je savais interpréter les moindres tremblemens. Elle me disait :—Honorino, je t'aime ! au moment où ses lèvres blanchirent; enfin, elle serrait encore ma main dans les siennes quand la mort les glaça. Aussitôt je me tuai pour qu'elle ne couchât pas seule dans le lit du sépulcre, sous son drap de marbre. Elle est là-haut, Térésa, moi, je suis ici. Je voulais ne pas la quitter, Dieu nous a séparés; pourquoi donc nous avoir unis sur la terre? Il est jaloux. Le paradis a été sans doute bien plus beau du jour où Térésa y est montée. La voyez-vous? elle est triste dans son bonheur, elle est sans moi! Le paradis doit être bien désert pour elle.

— Maître, dis-je en pleurant, car je pensais à mes amours, au moment où celui-ci souhaitera le paradis pour Dieu seulement, ne sera-t-il pas délivré?

Le père de la poésie inclina doucement la tête en signe d'assentiment. Nous nous éloignâmes en fendant les airs, sans faire plus de bruit que les oiseaux qui passent quelquefois sur nos têtes quand nous sommes étendus à l'ombre d'un arbre. Nous eussions vainement tenté d'empêcher l'infortuné de blasphémer ainsi. Un des malheurs des anges de ténèbres est de ne jamais voir la lumière, même quand ils en sont environnés. Celui-ci n'aurait pas compris nos paroles.

En ce moment, le pas rapide de plusieurs chevaux retentit au milieu du silence, le chien aboya, la voix grondeuse du sergent lui répondit; des cavaliers descendirent, frappèrent à la porte, et le bruit s'éleva tout-à-coup avec la violence d'une détonation inattendue. Les deux proscrits, les deux poètes tombèrent sur terre de toute la hauteur qui nous sépare des cieux. Le douloureux brisement de cette chute courut comme un autre sang dans leurs veines, mais en sifflant, en y roulant des pointes acérées et cuisantes. Pour eux, la douleur fut en quelque sorte une commotion électrique. La lourde et sonore démarche d'un homme d'armes dont l'épée, dont la cuirasse et les éperons produisaient un cliquetis ferrugineux retentit dans l'escalier ; puis un soldat se montra bientôt devant l'étranger surpris.

— Nous pouvons rentrer à Florence, dit cet homme dont la grosse voix parut douce en prononçant des mots italiens.

— Que dis-tu ? demanda le grand vieillard.

— Les *blancs* triomphent !

— Ne te trompes-tu ? pas reprit le poète.

— Non, Dante ! répondit le soldat dont la voix guerrière exprima les frissonnemens des batailles et les joies de la victoire.

— A Florence ! à Florence ! O ma Florence ! cria vivement Dante Alighieri qui se dressa sur ses pieds, regarda dans les airs, crut voir l'Italie, et devint gigantesque.

— Et moi! quand serai-je dans le ciel? dit Godefroy qui restait un genou en terre, devant le poète immortel, comme un ange en face du sanctuaire.

—Viens à Florence! lui dit Dante d'un son de voix compatissant. Va! quand tu verras ses amoureux paysages du haut de Fiesolè, tu te croiras au paradis.

Le soldat se mit à sourire. Pour la première, pour la seule fois peut-être, la sombre et terrible figure de Dante respira une joie; ses yeux et son front exprimaient les peintures de bonheur qu'il a si magnifiquement prodiguées dans son Paradis. Il lui semblait peut-être entendre la voix de Béatrix. En ce moment, le pas léger d'une femme et le frémissement d'une robe retentirent dans le silence. L'aurore jetait alors ses premières clartés. La belle comtesse Mahaut entra, courut à Godefroy.

— Viens, mon enfant, mon fils ! il m'est maintenant permis de t'avouer ! Ta naissance est reconnue, tes droits sont sous la protection du roi de France, et tu trouveras un paradis dans le cœur de ta mère.

— Je reconnais *la voix* du ciel, cria l'enfant ravi.

Ce cri réveilla Dante qui regarda le jeune homme enlacé dans les bras de la comtesse ; il les salua par un regard et laissa son compagnon d'étude sur le sein maternel.

— Partons, s'écria-t-il d'une voix tonnante. Mort aux Guelfes !

Paris, octobre 1831.

FIN DES PROSCRITS.

HISTOIRE INTELLECTUELLE

DE

LOUIS LAMBERT.

ET NUNC ET SEMPER

DILECTÆ,

DICATUM.

LOUIS LAMBERT.

Louis Lambert naquit à Montoire, petite ville du Vendômois, le 20 septembre 1797; son père y exploitait une tannerie de médiocre importance, et voulait faire de lui son successeur; mais le dégoût que cette profession inspira tout d'abord à l'enfant, joint aux dispositions qu'il manifesta prématurément pour l'étude, modifièrent l'arrêt paternel. D'ailleurs, le tanneur et sa femme chérissaient Louis comme on chérit un fils unique, et ne le contraignaient en rien. Dès l'âge de cinq ans, l'Ancien et le Nouveau Testament étaient tombés entre ses mains. Ce livre, où sont contenus tant de livres, avait décidé de sa destinée. Son enfantine imagination comprit-elle déjà la mystérieuse profondeur des Écritures? pouvait-elle déjà suivre l'Esprit-Saint dans son vol à travers les mondes? s'éprit-elle seulement des romanesques attraits dont abondent ces poèmes tout orientaux? ou, dans sa première innocence, son âme sympathisa-t-elle avec le sublime religieux que des mains divines ont épanché dans ce livre? Pour quelques lecteurs, le récit de sa vie résoudra ces questions. Un fait résulta de cette première lecture de la Bible : Louis allait partout Montoire, y quêtant des livres qu'il obtenait à la faveur de ces séductions dont les enfans ont le secret, et auxquelles personne ne sait résister. En se livrant à ces études, dont aucune intelligence ne dirigea le cours, il atteignit sa dixième année. A cette époque, les remplaçans étaient rares ; déjà plusieurs familles riches les retenaient d'avance pour n'en pas manquer au moment du tirage ; le peu de fortune des pauvres tanneurs ne leur permettant pas de pouvoir acheter un homme à leur fils, ils virent, dans l'état ecclésiastique, un moyen de le sauver de la conscription, et l'envoyèrent en 1807, chez son oncle maternel, curé de Mer ; autre petite ville située sur la Loire, près de Blois.

Ce parti satisfaisait tout à la fois la passion de Louis pour la science et le désir qu'avaient ses parens de ne point l'exposer aux hasards de la guerre. Puis ses goûts studieux et sa précoce intelligence donnaient l'espoir de lui voir faire une grande fortune dans l'Église. Après être resté pendant environ trois ans chez son oncle, vieil oratorien assez instruit, Louis en sortit au commencement de 1811, pour entrer au collége de Vendôme, où il fut mis et entretenu aux frais de madame de Staël. Lambert dut la protection de cette femme célèbre au hasard ou sans doute à la Providence qui sait toujours aplanir les voies au génie délaissé. Mais, pour nous de qui les regards s'arrêtent à la superficie des choses humaines, les vicissitudes dont la vie des grands hommes nous offre tant d'exemples, ne semblent être que le résultat d'un phénomène tout physique; et, pour la plupart des biographes, la tête d'un grand homme tranche sur une masse de figures enfantines, comme la plante qui par son éclat attire dans les champs les yeux du botaniste. Cette comparaison pourrait s'appliquer à l'aventure de Louis Lambert. Il venait ordinairement passer dans la maison paternelle le temps que son oncle lui accordait pour ses vacances; mais au lieu de s'y livrer, selon l'habitude des écoliers, aux douceurs de ce bon *far niente* dont nous sommes assez avides à tout âge, il emportait dès le matin du pain et des livres; puis il s'en allait lire et méditer au fond des bois où il fuyait les remontrances de sa mère à laquelle une étude aussi constante paraissait dangereuse. Admirable instinct de mère! Dès ce temps, la lecture était devenue chez Louis une espèce de faim que rien ne pouvait assouvir, il dévorait les livres de tout genre, et se repaissait indistinctement d'œuvres religieuses, d'histoire, de philosophie et de physique. Il m'a dit avoir éprouvé d'incroyables délices en lisant des dictionnaires, à défaut d'autres ouvrages. Je l'ai cru volontiers. Quel écolier n'a pas, maintes fois, trouvé du plaisir à chercher le sens probable d'un substantif inconnu? L'analyse d'un mot, sa physionomie, son histoire étaient pour Lambert l'occasion d'une longue rêverie. Mais ce n'était pas la rêverie instinctive par laquelle un enfant s'habitue aux phénomènes de la vie, s'enhardit aux perceptions ou morales ou physiques; culture involontaire qui plus tard porte ses fruits en se développant et par l'entendement et par le caractère. Louis embrassait les faits, les expliquait après en avoir recherché tout à la fois la cause et la fin avec une perspicacité sagace. Aussi, par un de ces jeux effrayans auxquels se plaît parfois la nature, et qui justifiait la vérité de son existence extraordinaire, pouvait-il dès l'âge de quatorze ans émettre facilement des idées, dont je n'ai que long-temps après entièrement saisi la profondeur.

— Souvent, me dit-il en me parlant de ses lectures, j'ai fait de délicieux voyages, embarqué sur un mot dans les abîmes du passé, comme l'insecte qui flotte au gré d'un fleuve sur quelque brin d'herbe. Parti de la Grèce, j'arrivais à Rome et traversais l'étendue des âges modernes. Quel beau livre ne composerait-on pas en racontant la vie et les aventures d'un mot ! Sans doute il a reçu diverses impressions des évènemens auxquels il a servi ; puis, selon les lieux, il a réveillé des idées différentes ; mais n'est-il pas plus grand encore à considérer, sous le triple aspect de l'âme, du corps et du mouvement? A le regarder en lui-même, abstraction faite de ses fonctions, de ses effets et de ses actes, n'y a-t-il pas de quoi tomber dans un océan de réflexions? La plupart des mots ne sont-ils pas teints de l'idée dont ils représentent extérieurement la vie? A quel génie sont-ils dus? S'il faut une grande intelligence pour créer un mot, quel âge a donc la parole humaine? L'assemblage des lettres, leurs formes, la figure qu'elles donnent à un mot, dessinent exactement, suivant le caractère de chaque peuple, des êtres inconnus dont nous avons souvenir. Qui nous expliquera philosophiquement la transition de la sensation à la pensée, de la pensée au verbe, du verbe à son expression hiéroglyphique, des hiéroglyphes à l'alphabet, de l'alphabet à l'éloquence écrite dont la beauté réside dans une suite d'images classées par les rhéteurs, et qui sont comme les hiéroglyphes de la pensée. L'antique peinture des idées humaines configurées par les formes zoologiques, n'aurait-elle pas déterminé les premiers signes dont l'Orient s'est servi pour écrire ses langages. Puis n'aurait-elle pas traditionnellement laissé quelques vestiges dans nos langues modernes, qui toutes se sont partagées les débris du verbe primitif des nations, verbe majestueux et solennel dont la majesté, dont la solennité décroissent à mesure que vieillissent les mondes ; dont les retentissemens si sonores dans la Bible hébraïque, si beaux encore dans la Grèce, s'affaiblissent à travers les progrès de nos civilisations successives? Est-ce à cet ancien Esprit que nous devons les mystères enfouis dans toute parole humaine? N'existe-t-il pas, dans le mot VRAI, une sorte de rectitude fantastique; ne se trouve-t-il pas dans le son bref qu'il exige, une vague image de la nudité, de la simplicité chaste du vrai en toute chose? Cette syllabe respire je ne sais quelle fraîcheur! J'ai pris, pour exemple, la formule d'une idée abstraite, ne voulant pas expliquer le problême par un mot qui le rendît trop facile à comprendre, comme celui de VOL où tout parle aux sens. N'en est-il pas ainsi de chaque verbe? Tous sont empreints d'un vivant pouvoir qu'ils tiennent de l'âme, et lui restituent par les mystères d'une action et d'une réaction merveilleuse entre la parole et la pensée. Ne dirait-on pas un amant qui puise sur les lèvres de sa maîtresse autant d'amour qu'il en communique? Par leur seule physionomie, les mots raniment dans notre cerveau les créatures dont ils sont les fantômes, le vêtement, le fourreau. Semblables à tous les êtres, ils n'ont qu'une place où leurs propriétés puissent pleinement agir et se développer. Mais ce sujet exigerait peut-être une science tout entière ! Et il haussait les épaules comme pour me dire : — Nous sommes et trop grands et trop petits !

La passion de Louis pour la lecture avait été d'ailleurs fort bien servie. Le curé de Mer possédait environ deux à trois mille volumes. Ce trésor lui avait peu coûté, car il provenait des pillages faits pendant la révolution dans les abbayes et les châteaux voisins. En sa qualité de prêtre assermenté, le bonhomme avait pu choisir pour un morceau de pain, suivant son expression, les meilleurs ouvrages parmi les collections précieuses qui furent alors vendues au poids. En trois ans, Louis Lambert s'était assimilé la substance des livres qui, dans la bibliothèque de son oncle, méritaient d'être lus. L'absorption des idées par la lecture était devenue chez lui un phénomène curieux. Son œil embrassait sept à huit lignes d'un seul coup, et son esprit en appréhendait le sens avec une vélocité pareille à celle de son regard. Souvent même un seul mot dans la phrase suffisait pour lui en faire saisir le suc. Sa mémoire était prodigieuse. Il se souvenait avec une même fidélité des pensées acquises par la lecture et de celles que la réflexion ou la conversation lui avaient suggérées. Enfin il possédait la mémoire des lieux, des noms, des mots, des choses et des figures. Non seulement il se rappelait les objets à volonté, mais encore il les revoyait en lui-même situés, éclairés, colorés comme ils l'étaient au moment où il les avait aperçus. Cette puissance s'appliquait également aux actes les plus insaisissables de l'entendement. Il se souvenait, suivant son expression, non seulement du gisement des pensées dans le livre où il les avait prises, mais encore des dispositions de son âme, à des époques éloignées. Par un privilége inouï, sa mémoire pouvait donc lui retracer les progrès et la vie entière de son esprit, depuis l'idée la plus anciennement acquise jusqu'à la dernière éclose, depuis la plus confuse jusqu'à la plus lucide. Son cerveau habitué, jeune encore, au difficile mécanisme de la concentration des forces humaines, tirait de ce riche dépôt une foule d'images admirables de réalité, de fraîcheur dont il se nourrissait pendant la durée de ses contemplations limpides.

— Quand je le veux, me disait-il dans son langage auquel les trésors du souvenir communiquaient une hâtive originalité, je tire un voile sur mes yeux. Soudain, je rentre en moi-même, et j'y trouve une chambre noire où les accidens de la nature viennent se reproduire dans une forme plus pure que celle dont ils paraissent revêtus à mes sens extérieurs.

A l'âge de douze ans, son imagination stimulée par le perpétuel exercice de ses facultés s'était développée au point de lui permettre d'avoir des notions si exactes sur les choses dont il prenait connaissance par la lecture seulement, que l'image imprimée dans son âme n'en eût pas été plus vive, s'il les avait réellement vues; soit qu'il procédât par analogie, soit qu'il fût doué d'une espèce de seconde vue par laquelle il embrassait la nature.

— En lisant le récit de la bataille d'Austerlitz, me dit-il un jour, j'en ai vu tous les incidens. Les volées du canon et les cris des combattans retentissaient à mes oreilles, m'agitaient les entrailles ; je sentais la poudre, j'entendais le bruit des chevaux et la voix des hommes ; j'admirais la plaine où se heurtaient des nations armées, comme si j'eusse été sur la hauteur du Santon. C'était un spectacle effrayant comme une page de l'Apocalypse.

Quand il employait ainsi toutes ses forces dans une lecture, il perdait en quelque sorte la conscience de sa vie physique, et n'existait plus que par le jeu tout-puissant de ses organes intérieurs dont il avait constamment étendu la portée, en laissant, suivant son expression, *l'espace derrière lui*. Mais je ne veux pas anticiper sur les phases intellectuelles de sa vie. Malgré moi, déjà, je viens d'intervertir l'ordre dans lequel je dois dérouler l'histoire de cet homme qui transporta toute son action dans sa pensée, comme d'autres placent toute leur vie dans l'action.

Un grand penchant l'entraînait vers les ouvrages mystiques. — « *Abyssus, abyssum*, me disait-il. Notre esprit est un abîme qui se plaît dans les abîmes! Enfans, hommes, vieillards, nous sommes toujours friands de mystères, sous quelque forme qu'ils se présentent. » Cette prédilection lui fut fatale, s'il est permis toutefois de juger sa vie selon les lois ordinaires, et de toiser le bonheur d'autrui sur la mesure du nôtre, ou suivant les préjugés sociaux. Ce goût pour les choses du ciel, autre locution dont il se servait souvent, ce *mens divinior* était dû peut-être à l'influence exercée sur son esprit par les premiers livres qu'il lut chez son oncle. Sainte Thérèse et madame Guyon lui continuèrent la Bible, eurent les prémices de son adulte intelligence, et l'habituèrent à ces vives réactions de l'âme dont l'extase est à la fois et le moyen et le résultat. Mais cette étude, ce goût élevèrent son cœur, le purifièrent, l'ennoblirent, lui donnèrent appétit de la nature divine, et l'instruisirent des délicatesses presque féminines qui sont instinctives chez les grands hommes; peut-être leur sublime n'est-il que le besoin de dévouement qui distingue la femme, transporté dans les grandes choses. Grâce à ces premières impressions, Louis resta pur au collége. Cette noble virginité de sens eut nécessairement pour effet d'enrichir la chaleur de son sang et d'agrandir ses facultés pensantes.

La baronne de Staël, bannie à quarante lieues de Paris, vint passer plusieurs mois de son exil dans une terre située près de Vendôme. Un jour, en se promenant, elle rencontra, sur la lisière du parc, l'enfant du tanneur presque en haillons, absorbé par un livre. Ce livre était une traduction du Ciel et de l'Enfer. A cette époque, MM. Saint-Martin, de Gence et quelques autres écrivains français, à moitié allemands, étaient presque les seules personnes qui dans l'empire français connussent le nom de Swedenborg. Étonnée, madame de Staël prit le livre avec cette brusquerie dont ses interrogations, ses regards, ses gestes n'étaient pas toujours exempts, et lançant un coup-d'œil à Lambert : — Est-ce que tu comprends cela? lui dit-elle.

— Priez-vous Dieu? demanda l'enfant.

— Mais..... oui.

— Et le comprenez-vous?

La baronne resta muette pendant un moment; puis, elle s'assit près de Lambert, et se mit à causer avec lui. Malheureusement ma mémoire, quoique fort étendue, est loin d'être aussi fidèle que l'était celle de mon camarade, et j'ai tout oublié de cette conversation, hormis les premiers mots. Cette rencontre était de nature à vivement frapper madame de Staël. A son retour au château, elle en parla peu, malgré le besoin d'expansion qui, chez elle, dégénérait en loquacité ; mais elle en parut fortement préoccupée. La seule personne encore vivante qui ait gardé le souvenir de cette aventure et que je questionnai récemment afin de recueillir le peu de paroles alors échappées à madame de Staël, retrouva difficilement dans sa mémoire ce mot dit par la baronne, à propos de Lambert : — *C'est un vrai voyant.* Louis ne justifia pas aux yeux des gens du monde les belles espérances qu'il avait inspirées à sa protectrice. La prédilection passagère dont il devint l'objet fut donc considérée comme un caprice de femme, comme une de ces fantaisies particulières aux artistes. Madame de Staël voulut arracher Louis Lambert à l'empereur et à l'Eglise, pour le rendre à la noble destinée qui, disait-elle, l'attendait; elle en faisait déjà quelque nouveau Moïse sauvé des eaux. Avant son départ, elle chargea l'un de ses amis, M. de Corbigny, alors préfet à Blois, de mettre en temps utile son Moïse au collége de Vendôme; puis, elle l'oublia probablement. Entré là, vers l'âge de quatorze ans, au commencement de 1811, Lambert dut en sortir à la fin de 1814, après avoir achevé sa philosophie. Je doute que, pendant ce temps, il ait jamais reçu le moindre souvenir de sa bienfaitrice, si toutefois ce fut un bienfait que de payer durant trois années la pension d'un enfant sans songer à son avenir, après l'avoir détourné d'une carrière où peut-être eût-il trouvé le bonheur. Cependant, il est juste de dire que les circonstances de l'époque et le caractère de Louis Lambert peuvent largement absoudre madame de Staël, et de son insouciance et de sa générosité. La personne choisie pour lui servir d'intermédiaire dans ses relations avec l'enfant, quitta Blois au moment où il sortait du collége. Les évènemens politiques qui survinrent alors justifièrent assez l'indifférence de ce personnage pour le protégé de la baronne. Elle n'entendit plus parler de son petit Moïse. Cent louis donnés par elle à M. de Corbigny qui, je crois, mourut lui-même en 1812, n'étaient pas une somme assez importante pour réveiller les souvenirs de madame de Staël dont l'âme exaltée rencontra sa pâture, et dont tous les intérêts furent vivement mis en jeu pendant les péripéties des années 1814 et 1815. Louis Lambert se trouvait à cette époque et trop pauvre et trop fier pour aller à la recherche de sa bienfaitrice, qui voyageait à travers l'Europe. Néanmoins, il vint à pied de Blois à Paris dans l'intention de la voir; mais il y arriva malheureusement le jour où la baronne mourut. Deux lettres écrites par Lambert étaient restées sans réponse. Le souvenir des bonnes intentions de madame de Staël pour Louis n'est donc demeuré que dans quelques jeunes mémoires, frappées comme le fut la mienne par le merveilleux de cette histoire. Il faut avoir été dans notre collége pour comprendre et l'effet que produisait ordinairement sur nos esprits l'annonce d'un *Nouveau,* et l'impression particulière que l'aventure de Lambert devait nous causer.

Ici, quelques renseignemens sur les lois primitives de notre institution, jadis moitié militaire et moitié religieuse, deviennent nécessaires pour expliquer la nouvelle vie que Lambert allait y mener. Avant la révolution, l'ordre des Oratoriens, voué comme celui de Jésus à l'éducation publique et qui lui succéda dans quelques maisons, possédait plusieurs établissemens provinciaux dont les plus célèbres étaient les colléges de Vendôme, de Tournon, de la Flèche, de Pont-le-Voy, de Sorrèze et de Juilly. Celui de Vendôme ainsi que les autres élevait, je crois, un certain nombre de cadets destinés à servir dans l'armée. L'abolition des corps enseignans, décrétée par la Convention, influa très peu sur l'Institution de Vendôme. La première crise passée, le collége recouvra ses bâtimens; quelques Oratoriens disséminés aux environs y revinrent, et le rétablirent en lui conservant son ancienne règle, ses habitudes, ses usages et ses mœurs qui lui prêtaient une physionomie à laquelle je n'ai rien pu comparer dans aucun des lycées où je suis allé après ma sortie de Vendôme. Situé au milieu de la ville, sur la petite rivière du Loir qui en baigne les bâtimens, le collége forme une vaste enceinte soigneusement close où sont enfermés les établissemens nécessaires à une institution de ce genre : une chapelle, un théâtre, une infirmerie, une boulangerie, des jardins, des cours d'eau. Ce collége, le plus célèbre foyer d'instruction que possèdent les provinces du centre, est alimenté par elles et par nos colonies. L'éloignement ne permet donc pas aux parens d'y venir souvent voir leurs enfans. La règle interdisait d'ailleurs les vacances externes. Une fois entrés, les élèves ne sortaient du collége qu'à la fin de leurs études. A l'exception des promenades faites extérieurement sous la conduite des Pères, tout avait été calculé pour donner à cette maison les avantages de la discipline conventuelle ; de mon temps, le Correcteur était encore un vivant souvenir, et la classique férule de cuir y jouait avec honneur son terrible rôle; les punitions jadis inventées par la Compagnie de Jésus et qui avaient un caractère aussi effrayant pour le moral que pour le physique, étaient demeurées dans l'intégrité de l'ancien programme; les lettres aux parens étaient obligatoires à certains jours, aussi bien que la confession; ainsi nos péchés et nos sentimens se trouvaient en coupe réglée. Tout portait l'empreinte de l'uniforme monastique. Je me rappelle, entre autres vestiges de l'ancien Institut, l'inspection que nous subissions tous les dimanches; nous étions en grande tenue, rangés comme des soldats, attendant les deux directeurs qui, suivis des fournisseurs et des maîtres, nous examinaient sous le triple rapport du costume, de l'hygiène et du moral. Les deux ou trois cents élèves que pouvait loger le collége étaient divisés, suivant l'ancienne coutume, en quatre sections, nommées *les Minimes*, *les Petits*, *les Moyens et les Grands*. La division des Minimes embrassait les classes désignées sous le nom de *huitième* et *septième*; celle des Petits, la *sixième*, la *cinquième* et la *quatrième*; celle des Moyens, la *troisième* et la *seconde*; enfin celle des Grands, la *rhétorique*, la *philosophie*, les *mathématiques spéciales*, la *physique* et la *chimie*. Chacun de ces colléges particuliers possédait son bâtiment, ses classes et sa cour dans un grand terrain commun sur lequel les salles d'étude avaient leur sortie, et qui aboutissaient au réfectoire. Ce réfectoire, digne d'un ancien Ordre religieux, contenait tous les écoliers. Contrairement à la règle des autres Corps enseignans, nous pouvions y parler en mangeant, tolérance oratorienne qui nous permettait de faire des échanges de plat selon nos goûts. Ce commerce gastronomique est constamment resté l'un des plus vifs plaisirs de notre vie collégiale. Si quelque Moyen placé en tête de sa table préférait une portion de pois rouges à son dessert, car nous en avions du dessert, la proposition suivante passait de bouche en bouche: — *Un dessert pour des pois!* jusqu'à ce qu'un gourmand l'eût acceptée; alors celui-ci d'envoyer sa portion de pois qui allait de main en main jusqu'au demandeur dont le dessert arrivait par la même voie. Jamais il n'y avait d'erreur. Si plusieurs demandes étaient semblables, chacune portait son numéro, et l'on disait : *Premiers pois pour premier dessert!* Les tables étaient longues, notre trafic perpétuel y mettait tout en mouvement, et nous parlions, nous mangions, nous agissions avec une vivacité sans exemple. Aussi, le bavardage de trois cents jeunes gens, les allées et venues des domestiques occupés à changer les assiettes, à servir les plats, à donner le pain, l'inspection des directeurs faisaient-ils du réfectoire de Vendôme un spectacle unique en son genre, et dont s'étonnaient toujours les visiteurs. Pour adoucir notre vie, privée de toute communication avec le dehors et sevrée des caresses de la famille, les Pères nous permettaient encore d'avoir des pigeons et des jardins. Nos deux ou trois cents cabanes, un millier de pigeons nichés autour de notre mur d'enceinte et une trentaine de jardins formaient un coup d'œil encore plus curieux que ne l'était celui de nos repas. Mais il serait trop fastidieux de raconter les particularités qui font du collége de Vendôme un établissement à part, et fertile en souvenirs pour ceux dont l'enfance s'y est écoulée. Qui de nous ne se rappelle encore avec délices, malgré les amertumes de la science, les bizarreries de cette vie claustrale! C'étaient les friandises achetées en fraude durant nos promenades, la permission de jouer aux cartes et celle d'établir des représentations théâtrales pendant les vacances, maraude et libertés nécessitées par notre solitude; puis encore, notre musique militaire, dernier vestige des Cadets, notre académie, notre chapelain, nos Pères professeurs; enfin, les jeux particuliers défendus ou permis : la cavalerie de nos échasses, les longues glissoires faites en hiver, le tapage de nos galoches gauloises, et surtout le commerce introduit par la boutique établie dans l'intérieur de nos cours. Cette boutique était tenue par une espèce de maître Jacques auquel grands et petits pouvaient demander, suivant son prospectus, boîtes, échasses, outils, pigeons cravatés, patus, livres de messe (article rarement vendu), canifs, papiers, plumes, crayons, encre de toutes les couleurs, balles, billes; le monde entier des fantaisies merveilleuses de l'enfance, et qui comprenait tout, depuis la sauce des pigeons que nous avions à tuer, jusqu'aux poteries où nous conservions le riz de notre souper pour le déjeûner du lendemain. Qui de nous est assez malheureux pour avoir oublié ses battemens de cœur à l'aspect de ce magasin périodiquement ouvert pendant les récréations du dimanche, et où nous allions à tour de rôle dépenser la somme qui nous était attribuée, mais où la modicité de la pension accordée par nos parens à nos *menus plaisirs* nous obligeait de faire un choix entre tous les objets qui exerçaient de si vives séductions sur nos âmes? La jeune épouse à laquelle, durant les premiers jours de miel, son mari remet douze fois dans l'année une bourse d'or, le joli budget de ses caprices, a-t-elle rêvé jamais autant d'acquisitions diverses dont chacune absorbe la somme, que nous n'en avons médité la veille des premiers dimanches du mois? Pour six francs, nous possédions, pendant une nuit, l'universalité des biens de l'inépuisable boutique! et durant la messe, nous ne chantions pas un répons qui ne brouillât nos secrets calculs. Qui de nous, enfin, peut se souvenir d'avoir eu quelques sous à dépenser le second dimanche? Enfin qui n'a pas obéi par avance aux lois sociales, en plaignant, en secourant, en méprisant les *Pariahs* que l'avarice ou le malheur paternel laissaient sans argent? Quiconque voudra se représenter l'isolement de ce grand collége avec ses bâtimens monastiques, au milieu d'une petite ville, et les quatre parcs dans lesquels nous étions hiérarchiquement casés, aura certes une idée de l'intérêt que devait nous offrir l'arrivée d'un nouveau, véritable passager survenu dans un navire. Jamais jeune duchesse présentée à la cour n'y fut aussi malicieusement critiquée que l'était le nouveau débarqué par tous les écoliers de sa Division. Ordinairement pendant la récréation du soir, avant la prière, les flatteurs habitués à causer avec celui des deux Pères chargés de nous garder une semaine chacun à leur tour, et qui se trouvait alors en fonctions, entendaient les premiers ces paroles authentiques :

— « Vous aurez demain un Nouveau! » Tout-à-coup ce cri : — « Un Nouveau! un Nouveau! » retentissait dans les cours. Nous accourions tous pour nous grouper autour du régent, qui bientôt était rudement interrogé. — D'où venait-il? Comment se nommait-il? En quelle classe serait-il? etc.

L'arrivée de Louis Lambert fut le texte d'un conte digne des *Mille et une Nuits*. J'étais alors en quatrième chez les Petits. Nous avions pour régens deux hommes auxquels nous donnions par tradition le nom de Pères, quoique ce fussent des séculiers. De mon temps, il n'existait plus à Vendôme que trois véritables Oratoriens auxquels ce titre appartînt légitimement; en 1814, ils quittèrent le collége qui s'était insensiblement sécularisé, pour se réfugier auprès des autels dans quelques presbytères de campagne, à l'exemple du curé de Mer.

Le père Haugoult, le régent de semaine, était assez bon homme; mais dépourvu de hautes connaissances, il manquait de ce tact si nécessaire pour discerner les différens caractères des enfans et leur mesurer les punitions suivant leurs forces respectives. Le père Haugoult se mit donc à raconter fort complaisamment les singuliers évènemens qui allaient, le lendemain, nous valoir le plus extraordinaire des Nouveaux. Aussitôt les jeux cessèrent. Tous les Petits arrivèrent en silence pour écouter l'aventure de ce Louis Lambert, trouvé, comme un aérolithe, par madame de Staël au coin d'un bois. M. Haugoult dut nous expliquer madame de Staël. Pendant cette soirée, elle me parut avoir dix pieds; depuis j'ai vu le tableau de Corinne où Gérard l'a représentée et si grande et si belle; hélas! la femme idéale rêvée par mon imagination la surpassait tellement, que la véritable madame de Staël a constamment perdu dans mon esprit, même après la lecture du livre tout viril, intitulé *De l'Allemagne.* Mais alors Lambert fut une bien autre merveille! Après l'avoir examiné, M. Mareschal, le directeur des études avait hésité, disait le père Haugoult, à le mettre chez les Grands. La faiblesse de Louis en latin l'avait fait rejeter en quatrième, mais il sauterait sans doute une classe chaque année. Par exception, il devait être de l'académie! *Proh pudor!* nous allions avoir l'honneur de compter parmi les Petits un habit décoré du ruban rouge que portaient les académiciens de Vendôme. Aux académiciens étaient octroyés de brillans priviléges; ils dînaient souvent à la table du directeur, et tenaient par an deux séances littéraires auxquelles nous assistions pour entendre leurs œuvres. Un académicien était un petit grand homme. Si chaque Vendômois veut être franc, il avouera que, plus tard, un véritable académicien de la véritable Académie française lui a paru bien moins étonnant que ne l'était l'enfant gigantesque illustré par la croix et par le prestigieux ruban rouge, insignes de notre académie. Il était bien difficile d'appartenir à ce corps glorieux avant d'être parvenu en seconde, car les académiciens devaient tenir, tous les jeudis, pendant les vacances, des séances publiques, et nous lire des contes en vers ou en prose, des épîtres, des traités, des tragédies, des comédies; compositions interdites à l'intelligence des classes secondaires. J'ai long-temps gardé le souvenir d'un conte intitulé *l'Ane vert* qui, je crois, est l'œuvre la plus saillante de cette académie inconnue. Un quatrième être de l'académie! Parmi nous serait cet enfant de quatorze ans, déjà poète, aimé de madame de Staël, un futur génie, nous disait le Père Haugoult, un sorcier, un gars capable de faire un thème ou une version pendant qu'on nous appellerait en classe, et d'apprendre ses leçons en les lisant une seule fois. Louis Lambert confondait toutes nos idées. Puis la curiosité du Père Haugoult, l'impatience qu'il témoignait de voir le Nouveau, attisaient encore nos imaginations enflammées. — S'il a des pigeons, il n'aura pas de cabane. Il n'y a plus de place. Tant pis! disait l'un de nous qui, depuis, a été grand agriculteur. — Auprès de qui sera-t-il? demandait un autre. — Oh! que je voudrais être *son faisant!* s'écriait un exalté.

Dans notre langage collégial, ce mot *Être faisants* constituait un idiotisme difficile à traduire; il exprimait un partage fraternel des biens et des maux de notre vie enfantine, une promiscuité d'intérêts fertile en brouilles et en raccommodemens, un pacte d'alliance offensive et défensive. Chose bizarre! jamais, de mon temps, je n'ai connu de frères qui fussent Faisants. Si l'homme ne vit que par les sentimens, peut-être croit-il appauvrir son existence en confondant une affection trouvée dans une affection naturelle.

L'impression que les discours du père Haugoult firent sur moi pendant cette soirée est une des plus vives de mon enfance, et je ne puis la comparer qu'à la lecture de Robinson Crusoé. Je dus même plus tard, au souvenir de ces sensations prodigieuses, une remarque peut-être neuve sur les différens effets que produisent les mots dans chaque entendement. Le mot n'a rien d'absolu, nous agissons plus sur lui qu'il n'agit sur nous, sa force est en raison des images que nous avons acquises et que nous groupons autour de lui; mais l'étude de ce phénomène exige de larges développemens, hors de propos ici. Ne pouvant dormir, j'eus une longue discussion avec mon voisin de dortoir sur l'être extraordinaire que nous devions avoir parmi nous le lendemain. Ce voisin, naguère officier, maintenant écrivain à hautes vues philosophiques, Barchou de Penhoën n'a démenti ni sa prédestination, ni le hasard qui réunissait dans la même classe, sur le même banc et sous le même toit, les deux seuls écoliers de Vendôme dont Vendôme entende parler aujourd'hui. Le récent traducteur de Ficthe, l'interprète et l'ami de M. Ballanche, était occupé déjà, comme je l'étais moi-même, de questions métaphysiques; il déraisonnait souvent avec moi sur Dieu, sur nous et sur la nature. Il avait alors des prétentions au pyrrhonisme; jaloux de soutenir son rôle, il nia les facultés de Lambert; tandis qu'ayant nouvellement lu *les Enfans célèbres*, je l'accablais de preuves en lui citant le petit Montcalm, Pic de La

Mirandole, Pascal, enfin tous les cerveaux précoces, anomalies célèbres dans l'histoire de l'esprit humain, et les prédécesseurs de Lambert. J'étais alors moi-même passionné pour la lecture. Grâce à l'envie que mon père avait de me voir à l'Ecole Polytechnique, il payait pour moi des leçons particulières de mathématiques. Mon répétiteur, bibliothécaire du collége, me laissait prendre des livres sans trop regarder ceux que j'emportais de la bibliothèque, lieu tranquille où, pendant les récréations, il me faisait venir pour me donner ses leçons. Je crois qu'il était ou peu habile ou fort occupé de quelque grave entreprise, car il me permettait très volontiers de lire pendant le temps des répétitions et travaillait je ne sais à quoi. Donc, en vertu d'un pacte tacitement convenu entre nous deux, je ne me plaignais point de ne rien apprendre, et lui se taisait sur mes emprunts de livres. Entraîné par cette intempestive passion, je négligeais mes études pour composer des poèmes qui devaient certes inspirer peu d'espérances, si j'en juge par ce trop long vers, devenu célèbre parmi mes camarades, et qui commençait une épopée sur les Incas :

O Inca ! ô roi in-fortuné et malheureux !

Je fus surnommé *le Poète* en dérision de mes essais, mais les moqueries ne me corrigèrent pas. Je rimaillai toujours, malgré le sage conseil de M. Mareschal notre directeur qui tâcha de me guérir d'une manie malheureusement invétérée, en me racontant dans un apologue les malheurs d'une fauvette tombée de son nid, pour avoir voulu voler avant que ses ailes ne fussent poussées. Je continuai mes lectures, je devins l'écolier le moins agissant, le plus paresseux, le plus contemplatif de la division des Petits, et partant, le plus souvent puni. Cette digression autobiographique doit faire comprendre la nature des réflexions dont je fus assailli à l'arrivée de Lambert. J'avais alors douze ans. J'éprouvai tout d'abord une vague sympathie pour un enfant avec lequel j'avais quelques similitudes de tempérament. J'allais donc rencontrer un compagnon de rêverie et de méditation. Sans savoir encore ce qu'était la gloire, je trouvais glorieux d'être le camarade d'un enfant dont madame de Staël avait préparé l'immortalité. Louis Lambert me semblait un géant.

Le lendemain si attendu vint enfin. Un moment avant le déjeûner, nous entendîmes dans la cour silencieuse le double pas de M. Mareschal et du Nouveau. Toutes les têtes se tournèrent aussitôt vers la porte de la classe. Le père Haugoult, qui partageait les tortures de notre curiosité, ne nous fit pas entendre le sifflement par lequel il imposait silence à nos murmures et nous rappelait au travail. Nous vîmes alors ce fameux Nouveau que M. Mareschal tenait par la main. Le régent descendit de sa chaire, et le directeur lui dit solennellement, suivant l'étiquette : — Monsieur, je vous amène M. Louis Lambert, vous le mettrez avec les Quatrièmes, il entrera demain en classe. Puis, après avoir causé à voix basse avec le régent, il dit tout haut : — Où allez-vous le placer ?

Il eût été fort injuste de déranger l'un de nous pour le Nouveau, et comme il n'y avait plus qu'un seul pupitre de libre, Louis Lambert vint l'occuper, près de moi qui étais entré le dernier dans la classe. Malgré le temps que nous avions encore à rester en étude, nous nous levâmes tous pour examiner Lambert. M. Mareschal entendit nos colloques, nous vit en insurrection, et dit avec cette bonté qui nous le rendait particulièrement cher : — Au moins, soyez sages, ne dérangez pas les autres classes. Ces paroles nous mirent en récréation quelque temps avant l'heure de déjeûner, et nous vînmes tous environner Lambert pendant que M. Mareschal se promena dans la cour avec le père Haugoult. Nous étions environ quatre-vingts diables, hardis comme des oiseaux de proie. Quoique nous eussions tous passé par ce cruel noviciat, nous ne faisions jamais grâce à un Nouveau des rires moqueurs, des interrogations, des impertinences qui se succédaient en semblable occurrence, à la grande honte du néophyte dont on essayait ainsi les mœurs, la force et le caractère. Lambert, ou calme ou abasourdi, ne répondit à aucune de nos questions. L'un de nous dit alors qu'il sortait sans doute de l'école de Pythagore ; un rire général éclata ; le

Nouveau fut surnommé *Pythagore* pour toute sa vie de collége. Cependant le regard perçant de Lambert, le dédain peint sur sa figure pour nos enfantillages en désaccord avec la nature de son esprit, l'attitude aisée dans laquelle il restait, sa force apparente en harmonie avec son âge imprimèrent un certain respect aux plus mauvais sujets d'entre nous. Quant à moi, j'étais près de lui, occupé à l'examiner silencieusement.

Louis était un enfant maigre et fluet, haut de quatre pieds et demi ; sa figure hâlée, ses mains brunies par le soleil paraissaient accuser une vigueur musculaire que néanmoins il n'avait pas à l'état normal ; aussi, deux mois après son entrée au collége, quand le séjour de la classe lui eut fait perdre sa coloration presque végétale, le vîmes-nous devenir pâle et blanc comme une femme. Sa tête était d'une grosseur remarquable. Ses cheveux d'un beau noir et bouclés par masses prêtaient une grâce indicible à son front dont les dimensions avaient quelque chose d'extraordinaire, même pour nous insoucians, comme on peut le croire, des pronostics de la phrénologie. La beauté de ce front prophétique provenait surtout de la coupe extrêmement pure des deux arcades sous lesquelles brillait son œil noir, qui semblaient taillées dans de l'albâtre, et dont les lignes, par un attrait assez rare, se trouvaient d'un parallélisme parfait en se rejoignant à la naissance du nez. Mais il était difficile de songer à sa figure, d'ailleurs fort irrégulière, en voyant ses yeux dont le regard possédait une magnifique variété d'expression et qui paraissaient doublés d'une âme. Tantôt clair et pénétrant à étonner, tantôt d'une douceur céleste, ce regard devenait terne, sans couleur pour ainsi dire, dans les momens où il se livrait à ses contemplations. Son œil ressemblait alors à une vitre d'où le soleil se serait retiré soudain après l'avoir illuminée. Il en était de sa force et de son organe comme de son regard : même mobilité, mêmes caprices. Sa voix se faisait douce comme la voix harmonieuse qui prononce un mot d'amour, au matin, dans un lit voluptueux ; puis, elle était parfois pénible, incorrecte, raboteuse, s'il est permis d'employer ces mots pour peindre des effets nouveaux. Quant à sa force, habituellement il était incapable de supporter la fatigue des moindres jeux, et semblait être débile, infirme. Mais pendant les premiers jours de son noviciat, un de nos matadors s'étant moqué de cette maladive délicatesse qui le rendait impropre aux violens exercices en vogue dans le collége, Lambert prit de ses deux mains et par le bout une de nos tables qui contenait douze grands pupitres encastrés sur deux rangs et en dos d'âne, il s'appuya contre la chaire du régent ; puis il retint la table par ses pieds en les plaçant sur la traverse d'en bas, et dit : — « Mettez-vous dix et essayez de la faire bouger! J'étais là, je puis attester ce singulier témoignage de force, il fut impossible de lui arracher la table. Lambert possédait le don d'appeler à lui, dans certains momens, des pouvoirs extraordinaires, et de rassembler ses forces sur un point donné. Mais les enfans habitués, aussi bien que les hommes, à juger de tout d'après leurs premières impressions, n'étudièrent Louis que pendant les premiers jours de son arrivée. Il démentit alors entièrement les prédictions de madame de Staël, en ne réalisant aucun des prodiges que nous attendions de lui. Après un trimestre d'épreuves, il passa pour un écolier très ordinaire. Je fus donc seul admis à pénétrer dans cette âme sublime, et pourquoi ne dirais-je pas divine? Qu'y a-t-il de plus près de Dieu, que le génie dans un cœur d'enfant? La conformité de nos goûts et de nos pensées nous rendit amis et faisants. Notre fraternité devint si grande que nos camarades accolèrent nos deux noms, l'un ne se prononçait pas sans l'autre ; et, pour appeler l'un de nous, ils criaient : — *Le Poète-et-Pythagore* ! C'était une mode d'écolier, une fantaisie qui ne s'appliquait pas seulement à nous deux ; d'autres noms offraient l'exemple d'un semblable mariage. Ainsi je demeurai pendant deux années l'ami de collége du pauvre Louis Lambert. Ma vie se trouva, durant cette époque, assez intimement unie à la sienne pour qu'il me soit possible aujourd'hui d'écrire son histoire intellectuelle. J'ai long-temps ignoré la poésie et les richesses cachées dans le cœur et sous le front de mon camarade ; il a fallu que j'arrivasse à trente ans, que mes observations se soient mûries et condensées, que le jet d'une plus vive lumière les ait même éclairées de nouveau pour que je comprisse la portée des phénomènes dont je fus alors l'inhabile témoin; j'en ai joui sans m'en expliquer ni la grandeur ni le mécanisme; j'en ai même oublié quelques uns et ne me souviens que des plus saillans. Mais aujourd'hui ma mémoire les a coordonnés, aujourd'hui je me suis initié aux secrets de cette tête féconde, en me reportant aux jours délicieux de notre jeune amitié. Le temps seul me fit donc pénétrer le sens des évènemens et des faits qui abondent en cette vie inconnue, comme en celle de tant d'autres hommes perdus pour la science. Aussi cette histoire est-elle, dans l'expression et l'appréciation des choses, pleine d'anachronismes purement moraux qui ne nuiront peut-être point à son genre d'intérêt.

Pendant les premiers mois de son séjour à Vendôme, Louis devint la proie d'une maladie dont les symptômes furent imperceptibles à l'œil de nos surveillans, et qui gêna nécessairement l'exercice de ses hautes facultés. Accoutumé au grand air, à l'indépendance d'une éducation laissée au hasard, caressé par les tendres soins d'un vieillard qui le chérissait, habitué à penser sous le soleil, il lui fut bien difficile de se plier à la règle du collége, de marcher dans le rang, de vivre entre les quatre murs d'une salle où quatre-vingts jeunes gens étaient silencieux, assis sur un banc de bois, chacun devant son pupitre. Ses sens possédaient une perfection qui leur donnait une exquise délicatesse, et tout souffrit chez lui de cette vie en commun. Les exhalaisons par lesquelles l'air était corrompu, mêlées à la senteur d'une classe toujours sale et encombrée des débris de nos déjeûners ou de nos goûters, affectèrent son odorat; ce sens qui, plus directement en rapport que les autres avec le système cérébral, doit causer par ses altérations de grands ébranlemens aux organes de la pensée. Outre ces causes de corruption atmosphérique, il se trouvait dans nos salles d'étude des baraques où chacun mettait son butin, les pigeons tués pour les jours de fêtes, ou les mets dérobés au réfectoire. Enfin, nos salles contenaient encore une pierre immense où restaient en tout temps deux seaux pleins d'eau; espèce d'abreuvoir où nous allions chaque matin nous débarbouiller le visage et nous laver les mains à tour de rôle, en présence du maître. De là, nous passions à une table où des femmes nous peignaient et nous poudraient. Nettoyé une seule fois par jour, avant notre réveil, notre local demeurait toujours malpropre. Puis, malgré le nombre des fenêtres et la hauteur de la porte, l'air y était incessamment vicié par les émanations du lavoir, par la peignerie, par la baraque, par les mille industries de chaque écolier, sans compter nos quatre-vingts corps entassés.

Cette espèce d'*humus* collégial, mêlé sans cesse à la boue que nous rapportions des cours, formait un fumier d'une insupportable puanteur. La privation de l'air pur et parfumé des campagnes dans lequel il avait jusqu'alors vécu, le changement de ses habitudes, la discipline, tout contrista Lambert. La tête toujours appuyée sur sa main gauche dont il accoudait le bras sur son pupitre, il passait les heures d'étude à regarder dans la cour le feuillage des arbres, ou les nuages du ciel. Il semblait étudier ses leçons ; mais voyant sa plume immobile, ou sa page toute blanche, le régent lui criait : — Vous ne faites rien, Lambert ! Ce : — *Vous ne faites rien !* était un coup d'épingle qui le blessait au cœur. Puis il ne connut pas le loisir des récréations, il eut des *pensum* à écrire. Le pensum, punition dont le genre varie selon les coutumes de chaque collége, consistait, à Vendôme, en un certain nombre de lignes copiées pendant les heures de récréation. Nous fûmes, Lambert et moi, si accablés de pensum, que nous n'avons pas eu six jours de liberté durant nos deux années d'amitié. Sans les livres que nous tirions de la bibliothèque, et qui entretenaient la vie dans notre cerveau, ce système d'existence nous eût menés à un abrutissement complet. Le défaut d'exercice est fatal aux enfans. L'habitude de la représentation, prise dès le jeune âge, altère, dit-on, sensiblement la constitution des personnes royales quand elles ne corrigent pas les vices de leur destinée par les mœurs du champ de bataille, ou par les travaux de la chasse. Si les lois de l'étiquette et des cours influent sur la moelle épinière au point de féminiser le bassin des rois, d'amollir leurs fibres cérébrales, et d'abâtardir ainsi la race; quelles lésions profondes, soit au physique, soit au moral, une privation continuelle d'air, de mouvement, de gaieté, ne doit-elle pas produire chez les écoliers? Aussi le régime pénitentiaire observé dans les colléges, exigera-t-il l'attention des autorités de l'enseignement public, lorsqu'il s'y rencontrera des penseurs qui ne penseront pas exclusivement à eux. Nous nous attirions le pensum de mille manières. Notre mémoire était si belle, que nous n'apprenions jamais nos leçons. Il nous suffisait d'entendre réciter à nos camarades les morceaux de français, de latin ou de grammaire, pour les répéter à notre tour. Mais si par malheur le maître s'avisait d'intervertir les rangs et de nous interroger les premiers, souvent nous ignorions en quoi consistait la leçon. Le pensum arrivait alors malgré nos plus habiles excuses. Enfin, nous attendions toujours au dernier moment pour faire nos devoirs. Avions-nous un livre à finir, étions-nous plongés dans une rêverie? le devoir était oublié; nouvelle source de pensum! Combien de fois nos versions furent écrites pendant le temps que le *premier*, chargé de les recueillir en entrant en classe, mettait à demander à chacun la sienne !

Mais aux difficultés morales que Lambert éprouvait à s'acclimater dans le collége, se joignit encore un apprentissage non moins rude, et par lequel nous avions passé tous ; celui des douleurs corporelles qui pour nous variaient à l'infini. Chez les enfans, la délicatesse de l'épiderme exige des soins minutieux, surtout en hiver, où constamment emportés par mille causes, ils quittent la glaciale atmosphère d'une cour boueuse pour la chaude température des classes. Aussi, faute des attentions maternelles dont les Petits et les Minimes se trouvaient privés, étaient-ils dévorés d'engelures et de crevasses si douloureuses que ces maux nécessitaient pendant le déjeûner un pansement particulier, mais très imparfait à cause du grand nombre de mains, de pieds, de talons endoloris. D'ailleurs, beaucoup d'enfans étaient obligés de préférer le mal au remède. Ne leur fallait-il pas souvent choisir entre leurs devoirs à terminer, les plaisirs de la glissoire, et le lever d'un appareil insouciamment mis, plus insouciamment gardé? Puis les mœurs du collége avaient amené la mode de se moquer des pauvres chétifs qui allaient au pansement. C'était à qui ferait sauter les guenilles dont l'infirmière leur enveloppait les mains. Donc en hiver, plusieurs d'entre nous, les doigts et les pieds demi-morts, tout rongés de douleurs, étaient peu disposés à travailler parce qu'ils souffraient, et punis parce qu'ils ne travaillaient pas. Trop souvent dupe de nos maladies artificielles, le Père ne tenait aucun compte des maux réels. Moyennant le prix de la pension, les élèves étaient entre tenus aux frais du collége; l'administration avait coutume de passer un marché pour la chaussure et l'habillement; de là, cette inspection hebdomadaire dont j'ai déjà parlé. Mais ce mode excellent pour l'administrateur, a toujours de tristes résultats pour l'administré. Malheur au Petit qui contractait la mauvaise habitude d'éculer, de déchirer ses souliers ou d'en user prématurément les semelles, soit par un vice de marche, soit en les déchiquetant pendant les heures d'étude pour obéir au besoin d'action qu'éprouvent les enfans. Durant tout l'hiver, celui-là n'allait pas en promenade sans de vives souffrances; d'abord, la douleur de ses engelures se réveillait atroce autant qu'un accès de goutte; puis, les agrafes et les ficelles destinées à retenir le soulier partaient, ou les talons éculés empêchaient la maudite chaussure d'adhérer aux pieds de l'enfant; il était alors forcé de la traîner péniblement en des chemins glacés où parfois il lui fallait la disputer aux terres argileuses du Vendômois ; enfin l'eau, la neige y entraient souvent par une décousure inaperçue, par un béquet mal mis, et le pied se gonflait. Sur soixante enfans, il ne s'en rencontrait pas dix qui cheminassent sans quelque torture particulière ; néanmoins tous suivaient le gros de la troupe, entraînés par la marche, comme les hommes sont poussés dans la vie par la vie. Combien de fois un généreux enfant pleura de rage, tout en trouvant un reste d'énergie pour aller en avant ou pour revenir au bercail malgré ses peines, tant à cet âge l'ame encore neuve redoute et le rire et la compassion, deux genres de moquerie ! Au collége, ainsi que dans la société, le fort méprise déjà le faible, sans savoir en quoi consiste la véritable force. Ce n'était rien encore. Point de gants aux mains. Si par hasard, les parens, l'infirmière ou le directeur en faisaient donner aux plus délicats d'entre nous, les loustics ou les grands de la classe, mettaient les gants sur le poêle, s'amusaient à les dessécher, à les gripper; puis, si les gants échappaient aux fureteurs, ils se mouillaient, se recroquevillaient faute de soin. Il n'y avait pas de gants possibles; les gants étaient un privilége et les enfans veulent être égaux. Ces différens genres de douleur assaillirent Louis Lambert. Semblable aux hommes méditatifs qui, dans le calme de leurs rêveries, contractent l'habitude de quelque mouvement machinal, il avait la manie de jouer avec ses souliers et les détruisait en peu de temps. Son teint de femme, la peau de ses oreilles, ses lèvres se gerçaient au moindre froid. Ses mains si molles, si blanches devenaient rouges et turgides. Il s'enrhumait constamment. Louis fut donc enveloppé de souffrances jusqu'à ce qu'il eût accoutumé sa vie aux mœurs vendômoises. Instruit à la longue par la cruelle expérience des maux, force lui fut de songer à ses *affaires* pour me servir d'une expression collégiale. Il lui fallut prendre soin de sa baraque, de son pupitre, de ses habits, de ses souliers ; ne perdre ni son encre, ni ses livres, ni ses cahiers, ni ses plumes ; enfin, penser à ces mille détails de notre existence enfantine desquels s'occupaient avec une rectitude commerciale ces esprits égoïstes et médiocres auxquels appartenaient infailliblement les prix d'excellence ou de bonne conduite; mais dont ne devait pas se soucier un enfant plein d'avenir, qui sous le joug d'une imagination brillante s'abandonnait avec amour au torrent de ses pensées. Ce n'est pas tout. Il existe une lutte continuelle entre les maîtres et les écoliers, lutte sans trêve, à laquelle rien n'est comparable dans la société, si ce n'est le combat de l'opposition contre le ministère dans un gouvernement représentatif. Mais les journalistes et les orateurs de l'opposition sont peut-être moins prompts à profiter d'un avantage, moins durs à reprocher un tort, moins âpres dans leurs moqueries que ne le sont les enfans envers les gens chargés de les régenter. A ce métier, la patience échapperait à des anges. Il n'en faut donc pas trop vouloir à un pauvre préfet d'études, peu payé, partant peu sagace, d'être parfois injuste ou de s'emporter. Sans cesse épié par une multitude de regards moqueurs, environné de piéges, il se venge quelquefois des torts qu'il se donne, sur des enfans trop prompts à les apercevoir. Excepté les grandes malices dont elle constituait la punition naturelle, la férule était, à Vendôme, l'*ultima ratio Patrum*. Aux devoirs oubliés, aux leçons mal sues, aux incartades vulgaires, le pensum suffisait; mais l'amour-propre offensé parlait chez le maître par sa férule. Parmi les souffrances physiques auxquelles nous étions soumis, la plus vive était certes celle que nous causait cette palette de cuir, épaisse d'environ deux doigts, appliquée sur nos faibles mains de toute la force, de toute la colère du régent. Pour recevoir cette correction classique, le coupable se mettait à genoux au milieu de la salle; il fallait se lever de son banc, aller s'agenouiller près de la chaire, et subir les regards curieux, souvent moqueurs de nos camarades. Aux âmes tendres, ces préparatifs étaient donc un double supplice, semblable au trajet du Palais à la Grève que faisait jadis un condamné vers son échafaud; selon les caractères, les uns criaient en pleurant à chaudes larmes, avant ou après la férule; les autres en acceptaient la douleur d'un air stoïque; mais, en l'attendant, les plus forts pouvaient à peine réprimer la convulsion de leur visage. Louis Lambert fut accablé de férules, et les dut à l'exercice d'une faculté de sa nature dont il ignorait l'existence. Lorsqu'il était violemment tiré d'une méditation par le — *Vous ne faites rien!* du régent, il lui arriva souvent, à son insu d'abord, de lancer à cet homme un regard empreint de je ne sais quel mépris sauvage, chargé de pensée comme une bouteille de Leyde est chargée d'électricité. Cette œillade causait sans doute une commotion au maître, qui, blessé par cette silencieuse épigramme, voulut désapprendre à l'écolier ce regard rutilant. La première fois que le Père se formalisa de ce dédaigneux rayonnement qui l'atteignait comme un éclair, il dit cette phrase dont je me suis souvenu : — « Si vous me regardez encore ainsi, Lambert, vous allez recevoir une férule! A ces mots, tous les nez furent en l'air, tous les yeux épièrent alternativement et le maître et Louis. L'apostrophe était si sotte que l'enfant accabla le Père d'un coup d'œil foudroyant. De là vint entre le régent et Lambert une querelle qui se vida par une certaine quantité de férules ; ainsi lui fut révélé le pouvoir oppresseur de son œil. Ce pauvre poète si nerveusement constitué, souvent vaporeux autant qu'une femme, dominé par une mélancolie chronique, tout malade de son génie comme une jeune fille l'est de cet amour qu'elle appelle et qu'elle ignore ; cet enfant si fort et si faible, déplanté par Corinne de ses belles campagnes pour entrer dans le moule d'un collége auquel chaque intelligence, chaque corps doit, malgré sa portée, malgré son tempérament, s'adapter à la règle et à l'uniforme comme l'or s'arrondit en pièces sous le coup du balancier ; Louis Lambert souffrit donc par tous les points où la douleur a prise sur l'âme et sur la chair. Attaché sur un banc à la glèbe de son pupitre, frappé par la férule, frappé par la maladie, affecté dans tous ses sens, pressé par une ceinture de maux, tout le contraignit d'abandonner son enveloppe aux mille tyrannies du collége. Semblable aux martyrs qui souriaient au milieu des supplices, il se réfugia dans les cieux que lui entr'ouvrait sa pensée. Peut-être cette vie tout intérieure aida-t-elle à lui faire entrevoir les mystères auxquels il eut tant de foi! Notre indépendance, nos occupations illicites, notre fainéantise apparente, l'engourdissement dans lequel nous restions, nos punitions constantes, notre répugnance pour nos devoirs et nos pensum, nous valurent la réputation incontestée d'être des enfans lâches et incorrigibles. Nos maîtres nous méprisèrent, et nous tombâmes également dans le plus affreux discrédit auprès de nos camarades auxquels nous cachions nos études de contrebande par crainte de leurs moqueries.

Cette double mésestime, injuste chez les Pères, était un sentiment naturel chez nos condisciples. Nous ne savions ni jouer à la balle, ni courir, ni monter sur les échasses. Aux jours d'amnistie, ou quand par hasard nous obtenions un instant de liberté, nous ne partagions aucun de leurs goûts. Étrangers à leurs plaisirs, nous restions seuls, mélancoliquement assis sous quelque arbre de la cour. Le Poète-et-Pythagore étaient donc une exception, une vie en dehors de la vie commune. L'instinct si pénétrant, l'amour-propre si délicat des écoliers leur faisait pressentir en nous des esprits situés plus haut ou plus bas que ne l'étaient les leurs. De là, chez les uns, haine de notre muette aristocratie; chez les autres, mépris de notre inutilité. Ces sentimens étaient entre nous à notre insu, peut-être; peut-être ne les ai-je devinés qu'aujourd'hui. Nous vivions donc exactement comme deux rats tapis dans le coin de la salle où étaient nos pupitres, également retenus là durant les heures d'étude et pendant celles des récréations. Cette situation excentrique dut nous mettre et nous mit en état de guerre avec les enfans de notre division. Presque toujours oubliés, nous demeurions là tranquilles, heureux à demi, semblables à deux végétations, à deux ornemens qui eussent manqué à l'harmonie de la salle. Mais parfois, les plus taquins de nos camarades nous insultaient pour manifester abusivement leur force, et nous répondions par un mépris qui souvent faisait rouer de coups le Poète-et-Pythagore. La nostalgie de Lambert dura plusieurs mois. Je ne sais rien qui puisse peindre la mélancolie à laquelle il fut en proie. Louis m'a gâté bien des chefs-d'œuvre. Ayant joué tous deux le rôle du Lépreux de la vallée d'Aoste, nous avions éprouvé les sentimens exprimés dans le livre de M. de

Maistre, avant de les lire traduits par cette éloquente plume. Or, un ouvrage peut retracer les souvenirs de l'enfance, mais il ne luttera jamais contre eux avec avantage. Les soupirs de Lambert m'ont appris des hymnes de tristesse bien plus pénétrantes que ne le sont les plus belles pages de René. Mais aussi, peut-être n'est-il pas de comparaison entre les souffrances que cause une passion réprouvée à tort ou à raison par nos lois, et les douleurs d'un pauvre enfant aspirant après la splendeur du soleil, la rosée des vallons et la liberté. René est l'esclave d'un désir, Louis Lambert était toute une âme esclave. A talent égal, le sentiment le plus touchant ou fondé sur les désirs les plus vrais, parce qu'ils sont les plus purs, doit surpasser les lamentations factices du génie. Après être resté long-temps à contempler le feuillage d'un des tilleuls de la cour, Louis ne me disait qu'un mot, mais ce mot annonçait une immense rêverie."

— Heureusement pour moi, s'écria-t-il un jour, il se rencontre de bons momens pendant lesquels il me semble que les murs de la classe sont tombés, et que je suis ailleurs, dans les champs! Quel plaisir de se laisser aller au cours de sa pensée, comme un oiseau à la portée de son vol ! — Pourquoi la couleur verte est-elle si prodiguée dans la nature ? me demandait-il. Pourquoi y existe-t-il si peu de lignes droites? Pourquoi l'homme dans ses œuvres emploie-t-il si rarement les courbes? Pourquoi lui seul a-t-il le sentiment de la ligne droite?

Ces paroles trahissaient une longue course faite à travers les espaces. Certes, il avait revu des paysages entiers, ou respiré le parfum des forêts. Il était, vivante et sublime élégie, toujours silencieux, résigné; toujours souffrant sans pouvoir dire : — Je souffre !

Cet aigle qui voulait le monde pour pâture, se trouvait entre quatre murailles étroites et sales. Aussi, sa vie devint-elle, dans la plus large acception de ce terme, une vie idéale. Plein de mépris pour les études presque inutiles auxquelles nous étions condamnés, il marchait dans sa route aérienne, complètement détaché des choses qui nous entouraient. Obéissant au besoin d'imitation qui domine les enfans, je tâchai de conformer mon existence à la sienne. Louis m'inspira d'autant mieux sa passion pour l'espèce de sommeil dans lequel les contemplations profondes plongent le corps, que j'étais plus jeune et plus impressible. Nous nous habituâmes, comme deux amans, à penser ensemble, à nous communiquer nos rêveries. Déjà, ses sensations intuitives avaient cette *acutesse* qui doit appartenir aux perceptions intellectuelles de grands poètes, et les faire souvent approcher de la folie.

— Sens-tu, comme moi, me demanda-t-il un jour, s'accomplir en toi, malgré toi, de fantasques souffrances? Si, par exemple, je pense vivement à l'effet que produirait la lame de mon canif en entrant dans ma chair, j'y ressens tout-à-coup une douleur aiguë comme si je m'étais réellement coupé; il n'y a de moins que le sang. Mais cette sensation arrive et me surprend comme un bruit soudain qui troublerait un profond silence. Une idée causer des souffrances physiques! Hein, qu'en dis-tu?

Quand il exprimait des réflexions si ténues, nous tombions tous deux dans une rêverie naïve, en nous mettant à rechercher en nous-mêmes les indescriptibles phénomènes relatifs à la génération de la pensée dont Lambert espérait saisir les moindres développemens, et pouvoir décrire un jour l'appareil inconnu. Puis, après des discussions, souvent mêlées d'enfantillage, un regard jaillissait des yeux flamboyans de Lambert; il me serrait la main, et il sortait de son âme un mot par lequel il tâchait de se résumer.

— Penser, c'est voir ! me dit-il un jour emporté par une de nos objections sur le principe de notre organisation. Toute science humaine repose sur la déduction qui est une vision lente, par laquelle on descend de la cause à l'effet, par laquelle on remonte de l'effet à la cause; ou, dans une plus large expression, toute poésie comme toute œuvre d'art procède d'une rapide vision des choses.

Il était spiritualiste. Mais, j'osais le contredire en m'armant de ses observations même pour considérer l'intelligence comme un produit tout physique. Nous avions raison tous deux. Peut-être les mots matérialisme et spiritualisme expriment une seule et même idée.

Ses études sur la substance de la pensée lui faisaient accepter avec une sorte d'orgueil la vie de privations à laquelle nous condamnaient et notre paresse et notre dédain pour nos devoirs. Il avait une certaine conscience de sa valeur qui le soutenait dans ses élucubrations. Avec quelle douceur je sentais son âme réagir sur la mienne! Combien de fois ne sommes-nous pas demeurés assis sur notre banc, occupés tous deux à lire un livre, nous oubliant réciproquement sans nous quitter ; mais nous sachant tous deux là, plongés dans un océan d'idées comme deux poissons qui nagent dans les mêmes eaux ! Notre vie était donc toute végétative en apparence, mais nous existions par le cœur et par le cerveau. Les sentimens, les pensées étaient les seuls évènemens de notre vie scolaire. Lambert exerça sur mon imagination une influence dont je me ressens encore aujourd'hui. J'écoutais avidement ses récits empreints de ce merveilleux qui fait dévorer avec tant de délices, aux enfans comme aux hommes, les contes où le vrai affecte les formes les plus absurdes. Sa passion pour les mystères et la crédulité naturelle au jeune âge nous entraînaient souvent à parler du Ciel et de l'Enfer. Louis tâchait alors, en m'expliquant Swedenborg, de me faire partager ses croyances relatives aux anges. Dans ses raisonnemens les plus faux, se rencontraient encore des observations étonnantes sur la puissance de l'homme, et qui imprimaient à sa parole ces teintes de vérité sans lesquelles rien n'est possible dans aucun art. La fin romanesque dont il dotait la destinée humaine, était de nature à caresser le penchant qui porte les imaginations vierges à s'abandonner aux croyances. N'est-ce pas durant leur jeunesse que les peuples enfantent leurs dogmes, leurs idoles? Et les êtres surnaturels sous lesquels ils tremblent, ne sont-ils pas la personnification de leurs sentimens, de leurs besoins agrandis! Ce qui me reste aujourd'hui dans la mémoire des conversations pleines de poésie que nous eûmes, Lambert et moi, sur le Prophète suédois, dont j'ai lu depuis les œuvres par curiosité, peut se réduire à ce précis.

Il y aurait en nous deux créatures distinctes. Selon Swedenborg, l'ange serait l'individu chez lequel l'être intérieur réussit à triompher de l'être extérieur. Un homme veut-il obéir à sa vocation d'ange? Dès que la pensée lui démontre sa double existence, il doit tendre à nourrir sa frêle et exquise nature de l'ange qui est en lui. Si, faute d'avoir une vue translucide de sa destinée, il fait prédominer l'action corporelle au lieu de corroborer sa vie intellectuelle, toutes ses forces passent dans le jeu de ses sens extérieurs, et l'ange périt lentement par cette matérialisation des deux natures. Dans le cas contraire, s'il substante son intérieur des essences qui lui sont propres, l'ame l'emporte sur la matière, et tâche à s'en séparer. Quand leur séparation arrive sous cette forme que nous appelons la Mort, l'ange assez puissant pour se dégager de son enveloppe, demeure et commence sa vraie vie. Les individualités infinies qui différencient les hommes ne peuvent s'expliquer que par cette double existence; elles la font comprendre et la démontrent. En effet, la distance qui se trouve entre un homme dont l'intelligence inerte le condamne à une apparente stupidité, et celui que l'exercice de sa vue intérieure a doué d'une force quelconque, doit nous faire supposer qu'il peut exister, entre les gens de génie et d'autres êtres, la même distance qui sépare les Aveugles des Voyans. Cette pensée qui étend indéfiniment la création, donne en quelque sorte la clef des cieux. En apparence confondues ici-bas, les créatures y sont, suivant la perfection de leur *être intérieur*, partagées en sphères distinctes dont les mœurs et le langage sont étrangers les uns aux autres. Dans le monde invisible comme dans le monde réel, si quelque habitant des régions inférieures arrive, sans en être digne, à un cercle supérieur; non seulement il n'en comprend ni les habitudes, ni les discours, mais encore sa présence y paralyse et les voix et les cœurs. Dans sa Divine Comédie, Dante a peut-être eu quelque légère intuition de ces sphères qui commencent dans le monde des douleurs et s'élèvent par un mouvement armillaire, jusque dans les cieux. La doctrine de Swedenborg serait donc l'ouvrage d'un esprit lucide qui aurait enregistré les innombrables phénomènes par lesquels les anges se révèlent au milieu des hommes.

Cette doctrine que je m'efforce aujourd'hui de résumer en lui donnant un sens logique, m'était présentée par Lambert avec toutes les séductions du mystère, enveloppée dans les langages de la phraséologie particulière aux mystagogues ; diction obscure, pleine d'abstractions et si active sur le cerveau, qu'il est certains livres de Jacob Bœhm, de Swedenborg ou de madame Guyon dont la lecture pénétrante fait surgir des fantaisies aussi multiformes que peuvent l'être les rêves produits par l'opium. Lambert me racontait des faits mystiques tellement étranges, il en frappait si vivement mon imagination, qu'il me causait des vertiges. J'aimais néanmoins à me plonger dans ce monde mystérieux, invisible aux sens, où chacun se plaît à vivre, soit qu'il se le représente sous la forme indéfinie de l'Avenir, soit qu'il le revête des images indécises de la Fable. Ces réactions violentes de l'ame sur elle même m'instruisaient à mon insu de sa force, et m'accoutumaient aux travaux de la pensée.

Quant à Lambert, il expliquait tout par son système sur les anges. Pour lui, l'amour pur, l'amour comme on le rêve au jeune âge, était la collision de deux natures angéliques. Aussi rien n'égalait-il l'ardeur avec laquelle il désirait rencontrer un ange-femme. Hé! qui plus que lui devait inspirer, ressentir l'amour? Si quelque chose pouvait donner l'idée d'une exquise sensibilité, n'était-ce pas le naturel aimable et bon empreint dans ses sentimens, dans ses paroles, dans ses actions et ses moindres gestes, enfin dans la conjugalité qui nous liait l'un à l'autre, et que nous exprimions en nous disant Faisants. Il n'existait aucune distinction entre les choses qui venaient de lui et celles qui venaient de moi. Nous contrefaisions mutuellement nos deux écritures, afin que l'un pût faire, à lui seul, les devoirs de tous les deux. Quand l'un de nous avait à finir un livre que nous étions obligés de rendre au maître de mathématiques, il pouvait le lire sans interruption, l'un brochant la tâche et le pensum de l'autre. Nous nous acquittions de nos devoirs comme d'un impôt frappé sur notre tranquillité. Si ma mémoire n'est pas infidèle, souvent ils étaient d'une supériorité remarquable lorsque Lambert les composait. Mais réputés l'un et l'autre pour deux idiots, le professeur analysait toujours nos devoirs sous l'empire d'un préjugé fatal, et les réservait même pour en amuser nos camarades. Je me souviens qu'un soir, en terminant la classe qui avait lieu de deux à quatre heures, le maître prit une version de Lambert. Le texte commençait par : *Caius Gracchus, vir nobilis.* Louis avait traduit ces mots par *Caius Gracchus était un noble cœur.*

— Où voyez-vous du cœur dans *nobilis*? dit brusquement le professeur.

Et tout le monde de rire pendant que Lambert regardait le professeur d'un air hébété.

— Que dirait madame la baronne de Staël en apprenant que vous traduisez par un contre-sens le mot qui signifie de race noble, d'origine patricienne?

— Elle dirait que vous êtes une bête! m'écriai-je à voix basse.

— Monsieur le poète, vous allez vous rendre en prison pour huit jours, répliqua le professeur qui malheureusement m'entendit.

Lambert reprit doucement en me jetant un regard d'une inexprimable tendresse : — *Vir nobilis!* Madame de Staël causait, en partie, le malheur de Lambert. A tout propos, maîtres et disciples lui jetaient ce nom à la tête, soit comme une ironie, soit comme un reproche. Louis ne tarda pas à se faire mettre en prison pour me tenir compagnie. Là, plus libres que partout ailleurs, nous pouvions parler pendant des journées entières, dans le silence des dortoirs où chaque élève possédait une niche de six pieds carrés dont les cloisons étaient garnies de barreaux par le haut, et dont la porte à claire-voie se fermait tous les soirs, et s'ouvrait tous les matins sous les yeux du Père, chargé d'assister à notre lever et à notre coucher. Le cric-crac de ces portes, manœuvrées avec une singulière promptitude par les garçons de dortoirs, était encore une des particularités de ce collége. Ces alcôves ainsi bâties nous servaient de prison, et nous y restions quelquefois enfermés pendant des mois entiers. Les écoliers mis en cage, tombaient sous l'œil sévère du préfet, espèce de censeur qui venaît, à ses heures ou à l'improviste d'un pas léger, pour savoir si nous causions au lieu de faire nos pensum. Mais les coquilles de noix semées dans les escaliers, où la délicatesse de notre ouïe nous permettaient presque toujours de prévoir son arrivée, et nous pouvions nous livrer sans trouble à nos études chéries. Cependant la lecture nous étant interdite, les heures de prison appartenaient ordinairement à des discussions métaphysiques, ou au récit de quelques accidens curieux relatifs aux phénomènes de la pensée.

Un des faits les plus extraordinaires est certes celui que je vais raconter, non seulement parce qu'il concerne Lambert, mais encore parce qu'il en décida peut-être la destinée scientifique. Selon la jurisprudence des colléges, le dimanche et le jeudi étaient nos jours de congé; mais les offices auxquels nous assistions très exactement, employaient si bien le dimanche, que nous considérions le jeudi comme notre seul jour de fête. La messe une fois entendue, nous avions assez de loisir pour rester long-temps en promenade dans les campagnes situées aux environs de Vendôme. Le manoir de Rochambeau était l'objet de la plus célèbre de nos excursions, peut-être à cause de son éloignement. Rarement les petits faisaient une course aussi fatigante; néanmoins, une fois ou deux par an, les régens leur proposaient la partie de Rochambeau comme une récompense. En 1812, vers la fin du printemps, nous dûmes y aller pour la première fois. Le désir de voir le fameux château de Rochambeau, dont le propriétaire donnait quelquefois du laitage aux élèves, nous rendit tous sages. Rien n'empêcha donc la partie. Ni moi, ni Lambert ne connaissions la jolie vallée du Loir où cette habitation a été construite. Aussi, son imagination et la mienne furent-elles très préoccupées la veille de cette promenade qui causait dans le collége une joie traditionnelle. Nous en parlâmes pendant toute la soirée, en nous promettant d'employer en fruits ou en laitage l'argent que nous possédions contrairement aux lois vendômoises. Le lendemain, après le dîner, nous partîmes à midi et demi tous munis d'un cubique morceau de pain que l'on nous distribuait d'avance pour notre goûter. Puis, alertes comme des hirondelles, nous marchâmes en troupe vers le célèbre castel, avec une ardeur qui ne nous permettait pas de sentir tout d'abord la fatigue. Quand nous fûmes arrivés sur la colline d'où nous pouvions contempler et le château assis à mi-côte, et la vallée tortueuse où brille la rivière en serpentant dans une prairie gracieusement échancrée; admirable paysage, un de ceux auxquels les vives sensations du jeune âge, ou celles de l'amour, ont imprimé tant de charme, que plus tard il ne faut jamais les aller revoir, Louis Lambert me dit : — Mais, j'ai vu cela, cette nuit, en rêve! Il reconnut et le bouquet d'arbres sous lequel nous étions, et la disposition des feuillages, la couleur des eaux, les tourelles du château, les accidens, les lointains, enfin tous les détails du site qu'il apercevait pour la première fois. Nous étions bien enfans l'un et l'autre ; moi du moins, qui n'avais que treize ans ; car, à quinze ans, Louis pouvait avoir la profondeur d'un homme de génie ; mais à cette époque nous étions tous deux incapables de mensonge dans les moindres actes de notre vie d'amitié. D'ailleurs, si Lambert pressentait par la toute-puissance de sa pensée l'importance des faits, il était loin d'en deviner d'abord l'entière portée. Aussi commença-t-il par être étonné de celui-ci. Je lui demandai s'il n'était pas venu à Rochambeau pendant son enfance. Ma question le frappa. Mais, après avoir consulté ses souvenirs, il me répondit négativement. Cet événement, dont beaucoup d'hommes peuvent retrouver l'analogue dans les phénomènes de leur sommeil, fera comprendre les premiers talens de Lambert. En effet, il sut en déduire tout un système, en s'emparant, comme fit Cuvier dans un autre ordre de choses, d'un fragment de pensée pour reconstruire toute une création. En ce moment, nous nous assîmes tous deux sous une vieille truisse de chêne; puis, après quelques momens de réflexion, Louis me dit : — Si le paysage n'est pas venu vers moi, ce qui serait absurde à penser, je suis donc venu vers lui ! Si j'étais ici pendant que je dormais dans mon alcôve, ce fait ne constitue-t-il pas une séparation complète entre mon corps et mon être intérieur ? N'atteste-t-il pas dans celui-ci je ne sais quelle faculté locomotive ou des effets équivalens à ceux de la locomotion ? Or, s'ils ont pu se quitter pendant le sommeil, pourquoi ne les ferais-je pas également divorcer ainsi pendant la veille? Je ne n'aperçois point de moyens termes entre ces deux propositions. Mais allons plus loin, pénétrons les détails? Ou ces faits se sont accomplis par la puissance d'une faculté qui met en œuvre un être double dont mon corps est l'enveloppe, puisque j'étais dans mon alcôve et voyais le paysage, et ceci renverse bien des systèmes; ou ces faits se sont passés, soit dans quelque centre nerveux dont je ne sais pas le nom, là où s'émeuvent les sentimens; soit dans le centre cérébral, là où s'émeuvent les idées. Cette dernière hypothèse soulève des questions encore plus étranges. J'ai marché, j'ai vu, j'ai entendu. Le mouvement ne se conçoit point sans l'espace, le son n'agit que dans les angles ou sur les surfaces, et la coloration ne s'accomplit que par la lumière. Si, pendant la nuit, les yeux fermés, j'ai vu en moi-même des objets colorés, si j'ai entendu des bruits dans le plus absolu silence, et sans les conditions exigées pour que le son se forme, si dans la plus parfaite immobilité j'ai franchi des espaces, nous aurions des facultés internes, indépendantes des lois physiques extérieures. La nature matérielle serait pénétrable par l'esprit! Comment les hommes ont-ils si peu réfléchi jusqu'alors aux accidens du sommeil, qui accusent en l'homme une double vie! N'y aurait-il pas une nouvelle science dans ce phénomène? ajouta-t-il en se frappant fortement le front. S'il n'est pas le principe d'une science, il trahit certainement en l'homme d'énormes pouvoirs. Il annonce au moins la désunion fréquente de nos deux natures, fait autour duquel je tourne depuis si long-temps. J'ai donc enfin trouvé un témoignage de la supériorité qui distingue nos sens latens de nos sens apparens! *homo duplex!* — Mais, reprit-il après une pause et en laissant échapper un geste de doute, peut-être n'existe-t-il pas en nous deux natures ? Peut-être sommes-nous tout simplement doués de qualités intimes et perfectibles, dont l'exercice, dont les développemens produisent en nous des phénomènes d'activité, de pénétration, de vision encore inobservés. Dans notre amour du merveilleux, passion engendrée par notre orgueil, nous aurons transformé ces effets en créations poétiques, parce que nous ne les comprenions pas. Il est si commode de déifier l'incompréhensible ! Ah ! j'avoue que je pleurerai la perte de mes illusions. J'avais besoin de croire à une double nature et aux anges de Swedenborg ! Cette nouvelle science les tue. Oui, l'examen de nos propriétés inconnues implique une science en apparence matérialiste, car L'ESPRIT emploie, divise, anime la substance; mais il ne la détruit pas.

Il demeura pensif, triste à demi. Peut-être voyait-il ses rêves de jeunesse comme des langes qu'il lui faudrait bientôt quitter.

— La vue et l'ouïe, dit-il en riant de son expression, sont sans doute les gaînes d'un outil merveilleux !

Pendant tous les instans où il m'entretenait du ciel et de l'enfer, il avait coutume de regarder la nature en maître; mais, en proférant ces dernières paroles grosses de science, il plana plus audacieusement que jamais sur le paysage, et son front me parut prêt à crever sous l'effort du génie. Ses forces, qu'il faut nommer *morales* jusqu'à nouvel ordre, semblaient jaillir par tous les organes destinés à les projeter. Ses yeux dardaient la pensée ; sa main levée, ses lèvres muettes et tremblantes parlaient ; son regard brûlant rayonnait; enfin sa tête, comme trop lourde ou fatiguée par un élan trop violent, retomba sur sa poitrine. Cet enfant, ce géant se voûta, me prit la main, la serra dans la sienne qui était moite, tant il était enfiévré par la recherche de la vérité ; puis après une pause, il me dit : — Je serai célèbre ! — Mais toi aussi, ajouta-t-il vivement. Nous serons tous deux les chimistes de la volonté.

Cœur exquis ! Je reconnaissais sa supériorité, mais lui se gardait bien de jamais me la faire sentir. Il partageait avec moi les trésors de sa pensée, me comptait pour quelque chose dans ses découvertes, et me laissait en propre mes infirmes réflexions. Toujours gracieux comme une femme qui aime, il avait toutes les pudeurs de sentiment, toutes les délicatesses d'âme qui rendent la vie et si bonne et si douce à porter. Il commença le lendemain même un ouvrage qu'il intitula *Traité de la Volonté*. Ses réflexions en modifièrent souvent le plan et la méthode ; mais l'évènement de cette journée solennelle en fut certes le germe, comme la sensation électrique toujours ressentie par Mesmer à l'approche d'un valet, fut l'origine de ses découvertes en magnétisme, science jadis cachée au fond des mystères d'Isis, de Delphes, dans l'antre de Trophonius, et retrouvée par cet homme prodigieux à deux pas de Lavater, le précurseur de Gall. Éclairées par cette soudaine clarté, les idées de Lambert prirent des proportions plus étendues ; il démêla dans ses acquisitions des vérités éparses, et les rassembla ; puis, comme un fondeur, il coula son groupe. Après six mois d'une application soutenue, les travaux de Lambert excitèrent la curiosité de nos camarades et furent l'objet de quelques plaisanteries cruelles qui devaient avoir une funeste issue. Un jour, l'un de nos persécuteurs voulut absolument voir nos manuscrits ;

il ameuta quelques uns de nos tyrans, et vint s'emparer violemment d'une cassette où était déposé ce trésor que Lambert et moi défendîmes avec un courage inouï. La boîte était fermée, il fut impossible à nos agresseurs de l'ouvrir; mais ils essayèrent de la briser dans le combat, noire méchanceté qui nous fit jeter les hauts cris. Quelques camarades, animés d'un esprit de justice ou frappés de notre résistance héroïque, conscillaient de nous laisser tranquilles en nous accablant d'une insolente pitié. Soudain, attiré par le bruit de la bataille, le père Haugoult intervint brusquement, et s'enquit de la dispute. Nos adversaires nous avaient distraits de nos pensum, le régent venait défendre ses esclaves. Pour s'excuser, les assaillans révélèrent l'existence des manuscrits. Le terrible Haugoult nous ordonna de lui remettre la cassette. Si nous résistions, il pouvait la faire briser; Lambert lui en livra la clef; le régent prit les papiers, les feuilleta; puis, il nous dit en les confisquant : « — Voilà donc les bêtises pour lesquelles vous négligez vos devoirs! » De grosses larmes tombèrent des yeux de Lambert, arrachées autant par la conscience de sa supériorité morale offensée, que par l'insulte gratuite et la trahison dont nous étions victimes. Nous lançâmes à nos accusateurs un regard de reproche : ne nous avaient-ils pas vendus à l'ennemi commun ? s'ils pouvaient, suivant le *Droit écolier*, nous battre, ne devaient-ils pas garder le silence sur nos fautes ? Aussi eurent-ils pendant un moment quelque honte de leur lâcheté. Le père Haugoult vendit probablement à un épicier de Vendôme le *Traité de la volonté*, sans connaître l'importance des trésors scientifiques dont il dissipait les germes avortés. Six mois après cet évènement, je quittai le collége; j'ignore donc si Lambert, que notre séparation plongea dans une noire mélancolie, a recommencé son ouvrage. Ce fut en mémoire de la catastrophe arrivée au livre de Louis que, dans l'ouvrage par lequel commencent ces Études, je me suis servi, pour une œuvre fictive, du titre réellement inventé par Lambert, et que j'ai donné le nom d'une femme qui lui fut chère, à une jeune fille pleine de dévouement. Mais cet emprunt n'est pas le seul que je lui ai fait; son caractère, ses occupations m'ont été très utiles dans cette composition dont le sujet est dû à quelque souvenir de nos jeunes méditations. Maintenant cette Histoire est destinée à élever un modeste cippe où soit attestée la vie de celui qui m'a légué tout son bien, sa pensée. Dans cet ouvrage d'enfant, Lambert déposa des idées d'homme. Dix ans plus tard, en rencontrant quelques savans sérieusement occupés des phénomènes qui nous avaient frappés, et que Lambert analysa si miraculeusement, je compris l'importance de ses travaux, oubliés déjà comme un enfantillage. Je passai donc plusieurs mois à me rappeler les principales découvertes de mon pauvre camarade. Après avoir rassemblé mes souvenirs, je puis affirmer que, dès 1812, il avait établi, deviné, discuté dans son Traité, plusieurs faits importans dont, me disait-il, les preuves arriveraient tôt ou tard. Ses spéculations philosophiques devraient certes le faire admettre au nombre de ces grands penseurs apparus à divers intervalles parmi les hommes pour leur révéler les principes tout nus de quelque science à venir, dont les racines poussent avec lenteur et portent un jour de beaux fruits dans l'entendement humain. Ainsi, un pauvre artisan, occupé à fouiller les terres pour trouver le secret des émaux, affirmait au seizième siècle, avec l'infaillible autorité du génie, les faits géologiques dont la démonstration est aujourd'hui la gloire de Buffon et de Cuvier. Je crois pouvoir offrir une idée du traité de Lambert par les propositions capitales qui en formaient la base; mais je le dépouillerai, malgré moi, des idées dans lesquelles il les avait enveloppées, et qui en étaient le cortége indispensable. Marchant dans un sentier autre que le sien, je prenais, de ses recherches, celles qui servaient le mieux mon système. J'ignore donc si, moi son disciple, je pourrai fidèlement traduire ses pensées, après me les être assimilées de manière à leur donner la couleur des miennes.

A des idées nouvelles, des mots nouveaux ou des acceptions des mots anciens élargies, étendues, mieux définies; Lambert avait donc choisi, pour exprimer les bases de son système, quelques mots vulgaires, qui déjà répondaient vaguement à sa pensée. Le mot de VOLONTÉ servait à nommer *le milieu fluide* où se sécrète *la pensée*; ou, dans une expression moins abstraite, la masse de force par laquelle l'homme peut reproduire, en dehors de lui-même, les actions dont se compose sa vie extérieure. La VOLITION, mot dû aux réflexions de Locke, exprimait l'acte par lequel l'homme use de la VOLONTÉ. Le mot de PENSÉE, pour lui la quintessence même de la *volonté*, désignait aussi *le milieu fluide* où naissaient les IDÉES dont elle est la substance. L'IDÉE, nom commun à toutes les créations du cerveau, constituait l'acte par lequel l'homme use de la PENSÉE. Ainsi la Volonté, la Pensée étaient les deux moyens générateurs ; la Volition, l'Idée étaient les deux produits. La Volition lui semblait être l'Idée arrivée de son état abstrait à un état concret, de sa génération fluide à une expression quasi solide, si toutefois ces mots peuvent formuler des aperçus aussi difficiles à distinguer. Selon lui, la Pensée et les Idées sont le mouvement et les actes de notre organisme intérieur, comme les Volitions et la Volonté constituent ceux de la vie extérieure.

Il avait fait passer la Volonté avant la Pensée. — « Pour penser, il faut Vouloir, disait-il. Beaucoup d'êtres vivent à l'état de Volonté, sans néanmoins arriver à l'état de pensée. Au Nord, la longévité; au Midi, la brièveté de la vie; mais aussi, dans le Nord, la torpeur; au Midi, l'exaltation constante de la Volonté; jusqu'à la ligne où, soit par trop de froid, soit par trop de chaleur, les organes sont presque annulés. » Son expression de *milieu fluide* lui avait été suggérée par une observation dont, enfant, il ne soupçonna certes pas l'importance; mais dont la bizarrerie dut frapper son imagination si délicatement impressible. Sa mère, personne fluette et nerveuse, tout délicate donc, et tout aimante, était une des créatures destinées à représenter la Femme dans la perfection de ses attributs, mais que le sort abandonne par erreur au fond de l'état social. Tout amour, partant tout souffrance, elle mourut jeune, incomprise, après avoir jeté ses facultés dans l'amour maternel. Lambert, enfant de six ans, couché dans un grand berceau, près du lit maternel, mais n'y dormant pas toujours, vit quelques étincelles électriques jaillissant de la chevelure de sa mère, au moment où elle se peignait. L'homme de quinze ans s'empara pour la science de ce fait avec lequel l'enfant avait joué, fait irrécusable dont maintes preuves se rencontrent chez presque toutes les femmes auxquelles une certaine fatalité de destinée laisse des sentimens méconnus à exhaler ou je ne sais quelle surabondance de force à perdre.

A l'appui de ses définitions, Lambert ajouta plusieurs problèmes à résoudre, beaux défis jetés à la science et dont il se proposait de rechercher les solutions, se demandant à lui-même : Si le principe constituant de l'électricité n'entrait pas comme base dans le fluide particulier d'où s'élançaient nos Idées et nos Volitions ? Si la chevelure qui se décolore, s'éclaircit, tombe et disparaît selon les divers degrés de déperdition ou de cristallisation des pensées, ne constituait pas un système de capillarité soit absorbante, soit exhalante, tout électrique ? Si les phénomènes fluides de notre Volonté, substance procréée en nous et si spontanément réactive au gré de conditions encore inobservées, étaient plus extraordinaires que ceux du fluide invisible, intangible que produit la pile voltaïque sur le système nerveux d'un homme mort? Si la formation de nos idées et leur exhalation constante étaient moins incompréhensibles que ne l'est l'évaporation des corpuscules imperceptibles et néanmoins si violens dans leur action, dont un grain de musc est susceptible, sans perdre de son poids? Si, laissant au système cutané de notre enveloppe une destination toute défensive, absorbante, exsudante et tactile, la circulation sanguine et son appareil ne répondaient pas à la transsubstantiation de notre Volonté, comme la circulation du fluide nerveux répondait à celle de la Pensée? Enfin, si l'affluence plus ou moins vive de ces deux substances réelles ne devrait pas résulter d'une certaine perfection ou imperfection d'organes dont il fallait étudier les conditions dans tous leurs modes?

Ces principes établis, il voulait classer

les phénomènes de la vie humaine en deux séries d'effets distincts, et réclamait pour chacune d'elles une analyse spéciale, avec une instance ardente de conviction. En effet, après avoir observé, dans presque toutes les créations, deux mouvemens séparés, il les pressentait, les admettait même pour notre nature, et nommait cet antagonisme vital : L'ACTION et LA RÉACTION. — Un désir, disait-il, est un fait entièrement accompli dans notre Volonté avant de l'être extérieurement. Ainsi, l'ensemble de nos Volitions et de nos Idées constituait *l'Action*, et l'ensemble de nos actes extérieurs, la *Réaction*. Lorsque, plus tard, je lus les observations faites par Bichat sur le dualisme de nos sens extérieurs, je fus comme étourdi par mes souvenirs, en reconnaissant une coïncidence frappante entre les idées de ce célèbre physiologiste et celles de Lambert. Morts tous deux avant le temps, ils avaient marché d'un pas égal à je ne sais quelles vérités. La nature s'est complue en tout à donner de doubles destinations aux divers appareils constitutifs de ses créatures, et la double action de notre organisme qui n'est plus un fait contestable, appuie par un ensemble de preuves d'une éventualité quotidienne, les déductions de Lambert relativement à *l'Action* et la *Réaction*. L'être *actionnel* ou intérieur, mot dont il se servait pour nommer le *species* inconnu, le mystérieux ensemble de fibrilles auquel sont dues les différentes puissances incomplètement observées de la Pensée, de la Volonté; enfin cet être innomé voyant, agissant, mettant tout à fin, accomplissant tout avant aucune démonstration corporelle, doit, pour se conformer à sa nature, n'être soumis à aucune des conditions physiques par lesquelles l'être *réactionnel* ou extérieur, l'homme visible est arrêté dans ses manifestations. De là découlait une multitude d'explications logiques sur les effets les plus bizarres en apparence de notre double nature, et la rectification de plusieurs systèmes à la fois justes et faux. Certains hommes ayant entrevu quelques phénomènes du jeu naturel de l'*être actionnel*, furent, comme Swedenborg, emportés au-delà du monde vrai par une ame ardente, amoureuse de poésie, ivre du principe divin. Tous se plurent donc, dans leur ignorance des causes, dans leur admiration du fait, à diviniser cet appareil intime, à bâtir un mystique univers. De là, les anges! délicieuses illusions auxquelles ne voulait pas renoncer Lambert, qui les caressait encore au moment où le glaive de son Analyse en tranchait les éblouissantes ailes. Mais comment, en des siècles où l'entendement avait gardé les impressions religieuses et spiritualistes qui ont régné pendant les temps intermédiaires entre Jésus-le-

Christ et Descartes, entre la Foi et le Doute, comment se défendre d'expliquer les mystères de notre nature intérieure autrement que par une intervention divine ? A qui, si ce n'est à Dieu même, les savans pouvaient-ils demander raison d'une créature invisible si activement, si réactivement sensible et douée de facultés si étendues, si perfectibles par l'usage, ou si puissantes sous l'empire de certaines conditions occultes, que : tantôt ils lui voyaient, par un phénomène de vision ou de locomotion, abolir l'espace dans ses deux modes de Temps et de Distance dont l'un est l'espace intellectuel, et l'autre l'espace physique ; tantôt ils lui voyaient reconstruire le passé, soit par la puissance d'une vue rétrospective, soit par le mystère inconnu d'une palingénésie assez semblable au pouvoir que possèderait un homme de reconnaître aux linéamens, tégumens et rudimens d'une graine, ses floraisons antérieures, dans les innombrables modifications de leurs nuances, de leurs parfums et de leurs formes ; et que tantôt enfin ils lui voyaient deviner imparfaitement l'avenir, soit par l'aperçu des causes premières, soit par un phénomène de pressentiment physique.

D'autres hommes, moins poétiquement religieux, froids et raisonneurs, charlatans peut-être, enthousiastes du moins par le cerveau, sinon par le cœur, reconnaissant quelques uns de ces phénomènes isolés, les tinrent pour vrais sans les considérer comme les irradiations d'un centre commun. Alors chacun d'eux voulut convertir un simple fait en science. De là vinrent la démonologie, l'astrologie judiciaire, la sorcellerie, enfin toutes les divinations fondées sur des accidens essentiellement transitoires, parce qu'ils variaient selon les tempéramens, au gré de circonstances encore complètement inconnues. Mais aussi de ces erreurs savantes et des procès ecclésiastiques où succombèrent tant de martyrs de leurs propres facultés, résultèrent des preuves éclatantes du pouvoir prodigieux dont dispose l'*être actionnel* qui, suivant Lambert, peut s'isoler complètement de l'*être réactionnel*, en briser l'enveloppe, faire tomber les murailles devant sa toute-puissante vue, phénomène nommé, chez les Indiens, la *Tokeiade* au dire des missionnaires; puis, par une autre faculté, saisir dans le cerveau, malgré ses plus épaisses circonvolutions, les idées qui s'y sont formées ou qui s'y forment, et tout le passé de la conscience. — Si les apparitions ne sont pas impossibles, disait Lambert, elles doivent avoir lieu par la recrudescence des idées qui représentent l'homme dans son essence pure, et dont la vie, impérissable peut-être, échappe à nos sens extérieurs, mais peut devenir perceptible à l'être intérieur quand il arrive, par l'exercice de ses facultés, à un haut degré d'extase ou à une grande perfection de vue. Je sais, mais vaguement aujourd'hui, que, suivant pas à pas les effets de la Pensée et de la Volonté dans tous leurs modes, après en avoir établi les lois, Lambert avait rendu compte d'une foule de phénomènes qui jusqu'à lui passaient à juste titre pour incompréhensibles. Ainsi les sorciers, les possédés, les gens à seconde vue et les démoniaques de toute espèce, ces victimes du moyen-âge étaient l'objet d'explications si naturelles, que souvent leur simplicité me parut être le cachet de la vérité. Les dons merveilleux que l'Église romaine, jalouse de mystères, punissait par le bûcher, étaient selon lui le résultat de certaines affinités entre les principes constituans de la Matière et ceux de la Pensée, qui procèdent de la même source.

L'homme armé de la baguette de coudrier obéissait, en trouvant les eaux vives, à quelque sympathie ou à quelque antipathie à lui-même inconnues. Il a fallu la bizarrerie de ces sortes d'effets pour donner à quelques uns d'entre eux une certitude historique. Les sympathies ont été rarement constatées; elles constituent des plaisirs dont les gens assez heureux pour en être doués gardent seuls la mémoire, à moins qu'ils n'en confessent la singularité; encore, est-ce dans le secret de l'intimité où tout s'oublie. Mais les antipathies qui résultent d'affinités contrariées, ont été fort heureusement notées quand elles se rencontraient en des hommes célèbres. Ainsi Bayle éprouvait des convulsions en entendant jaillir de l'eau. Scaliger pâlissait en voyant du cresson. Érasme avait la fièvre en sentant du poisson. Ces trois antipathies procédaient de substances aquatiques. Le duc d'Épernon s'évanouissait à la vue d'un levraut, Tycho-brahé à celle d'un renard, Henri III à celle d'un chat, le maréchal d'Albret à celle d'un marcassin; antipathies toutes produites par des émanations animales et ressenties souvent à des distances énormes. Le chevalier de Guise, Marie de Médicis, et plusieurs autres personnages, se trouvaient mal à l'aspect des roses, même peintes. Que le chancelier Bacon fût ou non prévenu d'une éclipse de lune, il tombait en faiblesse au moment où elle s'opérait; et sa vie suspendue pendant tout le temps que durait ce phénomène, reprenait aussitôt après sans lui laisser la moindre incommodité. Ces effets d'antipathies authentiques prises parmi toutes celles que les hasards de l'Histoire ont illustrées, peuvent suffire à faire comprendre les effets des sympathies inconnues. Ce fragment d'investigation dont je me suis souvenu, entre tous les aperçus de Lambert, fera concevoir la méthode avec laquelle il procédait dans ses œuvres. Je ne crois pas devoir insister sur la connexité qui liait à cette théorie les sciences équilatérales inventées par Gall et Lavater; elles en étaient les corollaires naturels, et tout esprit légèrement scientifique apercevra les ramifications par lesquelles s'y rattachaient nécessairement les observations phrénologiques de l'un et les documens physiognomoniques de l'autre. La découverte de Mesmer, si importante et si mal appréciée encore, se trouvait tout entière dans un seul développement de ce Traité, quoique Louis ne connût pas les œuvres, d'ailleurs assez laconiques du célèbre docteur suisse. Une logique et simple déduction de ses principes lui avait fait reconnaître que la Volonté pouvait, par un mouvement tout contractile de l'être intérieur, s'amasser; puis, par un autre mouvement, être projetée au-dehors, et même être confiée à des objets matériels. Ainsi la force entière d'un homme devait avoir la propriété de réagir sur les autres, et de les pénétrer d'une essence étrangère à la leur, s'ils ne se défendaient contre cette agression. Les preuves de ce théorème de la Science humaine sont nécessairement multipliées; mais rien ne les constate authentiquement. Il a fallu, soit l'éclatant désastre de Marius et son allocution au Cimbre chargé de le tuer, soit l'auguste commandement d'une mère au lion de Florence, pour faire connaître historiquement quelques uns de ces foudroiemens de la pensée. Pour lui donc la Volonté, la Pensée, étaient des *forces vives*. Aussi en parlait-il de manière à vous faire partager ses croyances. Pour lui ces deux puissances étaient en quelque sorte et visibles et tangibles; pour lui, la pensée était lente ou prompte, lourde ou agile, claire ou obscure. Il lui attribuait toutes les qualités des êtres agissans, la faisait saillir, se reposer, se réveiller, grandir, vieillir, se rétrécir, s'atrophier, s'aviver. Il en surprenait la vie en en spécifiant tous les actes par les bizarreries de notre langage. Il en constatait la spontanéité, la force, les qualités avec une sorte d'intuition qui lui faisait reconnaître tous les phénomènes de cette substance.

— Souvent au milieu du calme et du silence, me disait-il, lorsque nos facultés intérieures sont endormies, quand nous nous abandonnons à la douceur du repos, qu'il s'étend des espèces de ténèbres en nous, et que nous tombons dans la contemplation des choses extérieures; tout-à-coup une idée s'élance, passe avec la rapidité de l'éclair, à travers les espaces infinis dont notre cerveau nous donne la perception. Cette idée brillante, surgie comme un feu follet, s'éteint sans retour : existence éphémère, pareille à celle de ces enfans qui font connaître aux parens une joie et un chagrin sans bornes; espèce de fleur mort-née dans les champs de la pensée. Parfois l'idée, au lieu de jaillir avec force et de mourir sans consistance, commence à poindre, se balance dans les limbes inconnus des organes où elle prend naissance; elle nous use par un long enfantement, se développe, grandit, devient féconde, et se produit au-dehors dans la grâce de la jeunesse et parée de tous les attributs d'une longue vie; elle soutient les plus curieux regards, elle les attire, ne les lasse jamais: l'examen qu'elle provoque commande l'admiration que suscitent les œuvres long-temps élaborées. Tantôt les idées naissent par essaim, l'une entraîne l'autre, elles s'enchaînent, toutes sont agaçantes, elles abondent, elles sont folles. Tantôt elles se lèvent pâles, confuses, dépérissent faute de force ou d'alimens; la substance génératrice manque. Enfin, à certains jours, elles se précipitent dans les abîmes pour en éclairer les immenses profondeurs; elles nous épouvantent et laissent notre âme abattue. Les idées sont en nous un système complet, semblable à l'un des règnes de la nature, une sorte de floraison dont il serait possible à un homme, à un fou peut-être, de donner l'iconographie. Oui, tout en nous et au-dehors atteste la vie de ces créations ravissantes que je compare à des fleurs, en obéissant à je ne sais quelle révélation de leur nature! Leur production comme fin de l'homme n'est d'ailleurs pas plus étonnante que celle des parfums et des couleurs dans la plante. Les parfums sont des idées peut-être! En pensant que la ligne où finit notre chair et où l'ongle commence contient l'inexplicable et invisible mystère de la transformation constante de nos fluides en corne, il faut reconnaître que rien n'est impossible dans les merveilleuses modifications de la substance humaine. Mais ne se rencontre-t-il donc pas dans la nature morale des phénomènes de mouvement et de pesanteur semblables à ceux de la nature physique? *L'attente*, pour choisir un exemple qui puisse être vivement senti de tout le monde, n'est si douloureuse que par l'effet de la loi en vertu de laquelle le poids d'un corps est multiplié par sa vitesse. La pesanteur du sentiment que produit l'attente ne s'accroît-elle pas par une addition constante des souffrances passées à la douleur du moment? Enfin, à quoi, si ce n'est à une substance électrique, peut-on attribuer la magie par laquelle la Volonté s'intronise si majestueusement dans les regards pour foudroyer les obstacles aux commandemens du génie, éclate dans la voix, ou filtre, malgré l'hypocrisie, au travers de l'enveloppe humaine? Le torrentueux courant de ce roi des fluides qui, suivant la haute pression de la Pensée s'épanche à flots ou s'amoindrit et s'effile, puis s'amasse pour jaillir en éclairs, est l'occulte ministre auquel sont dus soit les efforts, ou funestes ou bienfaisans des arts et des passions; soit les intonations de la voix, rude, suave, terrible, lascive, horripilante, séductrice tour à tour, et qui vibre dans le cœur, dans les entrailles ou dans la cervelle au gré de nos vouloirs; soit tous les prestiges du toucher d'où procèdent les transfusions mentales de tant d'artistes de qui les mains créatrices savent, après mille études passionnées, évoquer la nature; soit enfin les dégradations infinies de l'œil, depuis son atone inertie jusqu'à ses projections de lueurs les plus effrayantes. A ce système Dieu ne perd aucun de ses droits. La Pensée matérielle m'en a raconté de nouvelles grandeurs !

Après l'avoir entendu parlant ainsi, après avoir reçu dans l'âme son regard comme une lumière, il était difficile de ne pas être ébloui par sa conviction, entraîné par ses raisonnemens. Aussi, LA PENSÉE m'apparaissait-elle comme une puissance tout physique, accompagnée de ses incommensurables générations. Elle était une nouvelle Humanité sous une autre forme.

Ce simple aperçu des lois que Lambert prétendait être la formule de notre intelligence, doit suffire pour faire imaginer l'activité prodigieuse avec laquelle son âme se dévorait elle-même. Il avait cherché des preuves à ses principes dans l'histoire des grands hommes dont l'existence, mise à jour par les biographes, fournit des particularités curieuses sur les actes de leur entendement. Sa mémoire lui ayant permis de se rappeler les faits qui pouvaient servir de développement à ses assertions, il les avait annexés à chacun des chapitres auxquels ils servaient de démonstration, en sorte que plusieurs de ses maximes en acquéraient une certitude presque mathématique. Les œuvres de Cardan, homme doué d'une singulière puissance de vision, lui donnèrent de précieux matériaux. Il n'avait oublié ni Apollonius de Thyanes annonçant en Asie la mort du tyran et dépeignant son supplice à l'heure même où il avait lieu dans Rome, ni Plotin qui, séparé de Porphyre, sentit l'intention où était celui-ci de se tuer, et accourut pour l'en dissuader. Ni le fait constaté dans le siècle dernier à la face de la plus moqueuse incrédulité qui se soit jamais rencontrée, fait surprenant pour les hommes habitués à faire du doute une arme contre Dieu seul, mais tout simple pour quelques croyans. Alphonse Marie de Liguori, évêque de Sainte-Agathe, donna des consolations au pape Ganganelli qui le vit, l'entendit, lui répondit; et dans ce même temps, à une très grande distance de Rome, l'évêque était observé en extase, chez lui, dans un fauteuil où il s'asseyait habituellement au retour de la messe. En reprenant sa vie ordinaire, il trouva ses serviteurs agenouillés devant lui, qui tous le croyaient mort. — « Mes amis, leur dit-il, le Saint-Père vient d'expirer. » Deux jours après, un courrier confirma cette nouvelle. L'heure de la mort du pape coïncidait avec celle où l'évêque était revenu à son état naturel. Lambert n'avait pas omis l'aventure plus récente encore, arrivée dans le siècle dernier à une jeune Anglaise qui, aimant passionnément un marin, partit de Londres pour aller le trouver, et le retrouva, seule, sans guide, dans les déserts de l'Amérique septentrionale où elle arriva pour lui sauver la vie. Louis avait mis à contribution les mystères de l'antiquité, les actes des martyrs où sont les plus beaux titres de gloire pour la Volonté humaine, les démonologues du moyen âge, les procès criminels, les recherches médicales, en discernant partout le fait vrai, le phénomène probable avec une admirable sagacité. Cette riche collection d'anecdotes scientifiques recueillies dans tant de livres, la plupart dignes de foi, servit sans doute à faire des cornets de papier; ce travail au moins curieux, enfanté par la plus extraordinaire des mémoires humaines, a dû périr. Entre toutes les preuves dont l'œuvre de Lambert était enrichie, se trouvait une histoire arrivée dans sa famille, et qu'il m'avait racontée avant d'entreprendre son traité. Ce fait, relatif à la *post-existence* de l'être intérieur, si je puis me permettre de forger un mot nouveau pour rendre un effet innomé, me frappa si vivement que j'en ai gardé le souvenir. Son père et sa mère eurent à soutenir un procès dont la perte devait entacher leur probité, seul bien qu'ils possédassent au monde. Donc, l'anxiété fut grande quand s'agita la question de savoir si l'on céderait à l'injuste agression du demandeur, ou si l'on se défendrait contre lui. La délibération eut lieu par une nuit d'automne, devant un feu de tourbe, dans la chambre du tanneur et de sa femme. A ce conseil furent appelés deux ou trois parens et le bisaïeul maternel de Louis, vieux laboureur tout cassé, mais d'une figure vénérable et majestueuse, dont les yeux étaient clairs, dont le crâne jauni par le temps conservait encore quelques mèches de cheveux blancs épars. Semblable à l'*Obi* des nègres, au *Saga* des sauvages, il était une espèce d'esprit oraculaire que l'on consultait dans les grandes occasions. Ses biens étaient cultivés par ses petits-enfans, qui le nourrissaient et le servaient. Il leur pronostiquait la pluie, le beau temps, et leur indiquait le moment où ils devaient faucher ou rentrer les moissons. La justesse barométrique de sa parole devenue célèbre, augmentait toujours la confiance et le culte dont il était l'objet. Il demeurait des journées entières immobile sur sa chaise. Cet état d'extase lui était familier depuis la mort de sa femme, pour laquelle il avait eu la plus vive et la plus constante des affections. Le débat eut lieu devant lui, sans qu'il parût y prêter une grande attention. — « Mes enfans, leur dit-il quand il fut requis de donner son avis, cette affaire est trop grave pour que je la décide seul. Il faut que j'aille consulter ma femme. » Le bonhomme se leva, prit son bâton, et sortit au grand étonnement des assistans qui le crurent tombé en enfance. Il revint bientôt et leur dit : — « Je n'ai pas eu besoin d'aller jusqu'au cimetière, votre mère est venue au devant de moi, je l'ai trouvée auprès du ruisseau. Elle m'a dit que vous retrouveriez chez un notaire de Blois des quittances qui vous feraient gagner le procès. » Ces paroles furent prononcées d'une voix ferme. L'attitude et la physionomie de l'aïeul annonçaient un homme pour qui cette apparition était habituelle. En effet, les quittances contestées se retrouvèrent, et le procès n'eut pas lieu. Cette aventure arrivée sous le toit paternel, aux yeux de Louis, alors âgé de neuf ans, contribua beaucoup à le faire croire aux visions miraculeuses de Swedenborg, qui donna pendant sa vie plusieurs preuves de la puissance de vision dont il avait doué son *être intérieur*. En avançant en âge et à mesure que son intelligence se développait, Lambert devait être conduit à rechercher dans les lois de la nature humaine les causes du miracle qui dès l'enfance avaient attiré son attention. De quel nom appeler le hasard qui rassemblait autour de lui les faits, les livres relatifs à ces phénomènes, et le rendit lui-même le théâtre et l'acteur des plus grandes merveilles de la pensée? Quand Louis n'aurait, pour seul titre à la gloire, que d'avoir, dès l'âge de quinze ans, émis cette maxime psychologique : « les évènemens qui attestent l'action de l'Humanité et qui sont le produit de son intelligence, ont des causes dans lesquelles ils sont préconçus, comme nos actions sont accomplies dans notre pensée, avant de se reproduire au-dehors; les pressentimens ou les prophéties sont *l'aperçu de ces causes;* » je crois qu'il faudrait déplorer en lui la perte d'un génie égal à celui des Pascal, des Lavoisier, des Laplace. Peut-être ses chimères sur les anges dominèrent trop long-temps ses travaux; mais n'est-ce pas en cherchant à faire de l'or que quelques hommes ont insensiblement créé la Chimie? Cependant, si plus tard Lambert étudia l'anatomie comparée, la physique, la géométrie et les sciences qui se rattachaient à ses découvertes, il eut nécessairement l'intention de rassembler des faits et de procéder par l'analyse, seul flambeau qui puisse nous guider aujourd'hui à travers les obscurités de la moins saisissable des natures. Il avait certes trop de sens pour rester dans les nuages des théories qui toutes peuvent se traduire en quelques mots. Aujourd'hui, la démonstration la plus simple appuyée sur les faits n'est-elle pas plus précieuse que ne le sont les plus beaux systèmes défendus par des inductions plus ou moins ingénieuses? Mais ne l'ayant pas connu pendant l'époque de sa vie où il dut réfléchir avec le plus de fruit, je ne puis que conjecturer la portée de ses œuvres d'après celle de ses méditations enfantines. Il est facile de saisir en quoi péchait son traité de la Volonté. Quoique doué déjà des qualités qui distinguent les hommes supérieurs, il était encore enfant; quoique riche et habile aux abstractions, son cerveau se ressentait encore des délicieuses croyances qui flottent autour de toutes les jeunesses. Sa conception touchait donc aux fruits mûrs de son génie par quelques points, et par une foule d'autres elle se rapprochait de la petitesse des germes. A quelques esprits amoureux de poésie, son plus grand défaut eût semblé une qualité savoureuse. Son œuvre portait les marques de la lutte que se livraient dans cette belle âme ces deux grands principes, le Spiritualisme, le Matérialisme autour desquels ont tourné tant de beaux génies, sans qu'aucun d'eux ait osé les fondre en un seul. D'abord spiritualiste pur, Louis avait été conduit invinciblement à reconnaître la matérialité de la pensée. Battu par les faits de l'analyse au moment où son cœur lui faisait encore regarder avec amour les nuages épars dans les cieux de Swedenborg, il ne se trouvait pas encore de force à produire un système unitaire, compacte, fondu d'un seul jet. De là venaient quelques contradictions empreintes jusque dans cette esquisse. Quelque incomplet que fût son ouvrage, n'était-il pas le brouillon d'une science dont, plus tard, il aurait approfondi les mystères, assuré les bases, recherché, réduit et enchaîné les développemens?

Six mois après la confiscation du traité sur *la volonté*, je quittai le collége. Notre séparation fut brusque. Ma mère, alarmée d'une fièvre qui, depuis quelque temps, ne me quittait pas, et à laquelle mon inaction corporelle donnait les symptômes du *coma*, m'enleva du collége en quatre ou cinq heures. A l'annonce de mon départ, Lambert devint d'une tristesse effrayante. Nous nous cachâmes pour pleurer.

— Te reverrai-je jamais? me dit-il de sa voix douce en me serrant dans ses bras. —

Tu vivras, toi, reprit-il. Mais moi, je mourrai ! Si je le peux, je t'apparaîtrai.

Il faut être jeune pour prononcer de telles paroles avec un accent de conviction qui les fait accepter comme un présage, comme une promesse dont on redoute l'effroyable accomplissement. Pendant long-temps, j'ai pensé vaguement à cette apparition promise. Il est encore certains jours de spleen, de doute, de terreur, de solitude, où je suis obligé de chasser les souvenirs de cet adieu mélancolique, qui cependant ne devait pas être le dernier. Lorsque je traversai la cour par laquelle nous sortions, Lambert était collé à l'une des fenêtres grillées du réfectoire pour me voir passer. Sur mon désir, ma mère obtint la permission de le faire dîner avec nous à l'auberge. A mon tour, le soir, je le ramenai au seuil fatal du collége. Jamais amant et maîtresse ne versèrent, en se séparant, plus de larmes que nous n'en répandîmes.

— Adieu donc! Je vais être seul dans ce désert, me dit-il en me montrant les cours où deux cents enfans jouaient et criaient. Quand je reviendrai fatigué, demi mort de mes longues courses à travers les champs de la pensée, dans quel cœur me reposerai-je? Un regard me suffisait pour te dire tout. Qui donc maintenant me comprendra? Adieu! Je voudrais ne t'avoir jamais rencontré, je ne saurais pas tout ce qui va me manquer.

— Et moi, lui dis-je, que deviendrai-je? Ma situation n'est-elle pas plus affreuse? — Je n'ai rien là pour me consoler, ajoutai-je en me frappant le front.

Il hocha la tête par un mouvement empreint d'une grâce pleine de tristesse, et nous

nous quittâmes. En ce moment, Louis Lambert avait cinq pieds deux pouces, il n'a plus grandi. Sa physionomie, devenue largement expressive, attestait la bonté de son caractère. Une patience divine développée par les mauvais traitemens, une concentration continuelle exigée par sa vie contemplative avaient dépouillé son regard de cette audacieuse fierté qui plaît dans certaines figures, et dont il savait accabler nos régens. Sur son visage éclataient des sentimens paisibles, une sérénité ravissante que n'altérait jamais rien d'ironique ni de moqueur, car sa bienveillance native tempérait la conscience de sa force et de sa supériorité. Il avait de jolies mains, bien effilées, presque toujours humides. Son corps était une merveille digne de la sculpture ; mais nos uniformes gris de fer à boutons dorés, nos culottes courtes nous donnaient une tournure si disgracieuse, que le fini des proportions de Lambert et sa

morbidesse ne pouvaient s'apercevoir qu'au
bain. Quand nous nagions dans notre bassin
du Loir, Louis se distinguait par la blancheur de sa peau qui tranchait sur les différens tons de chair de nos camarades, tous
marbrés par le froid ou violacés par l'eau.
Délicat de forme, gracieux de pose, doucement coloré, ne frissonnant pas hors de l'eau,
peut-être parce qu'il évitait l'ombre et courait toujours au soleil, Louis ressemblait à ces
fleurs prévoyantes qui ferment leurs calices à
la bise et ne veulent s'épanouir que sous un
ciel pur. Il mangeait très peu, ne buvait que de
l'eau ; puis, soit par instinct, soit par goût, il se
montrait sobre de tout mouvement qui voulait une dépense de force ; ses gestes étaient
rares et simples comme le sont ceux des
Orientaux ou des sauvages chez lesquels la
gravité semble être un état naturel. Généralement, il n'aimait pas tout ce qui ressemblait à de la recherche pour sa personne. Il

penchait assez habituellement sa tête à gauche, et restait si souvent accoudé que les manches de ses habits neufs étaient promptement percées. A ce léger portrait de l'homme, je dois ajouter une esquisse de son moral dont aujourd'hui je crois pouvoir impartialement juger. Quoique naturellement religieux, Louis n'admettait pas les minutieuses pratiques de l'Église romaine; ses idées sympathisaient plus particulièrement avec celles de sainte Thérèse et de Fénelon, avec celles de plusieurs Pères et de quelques saints, qui de nos jours seraient traités d'hérésiarques et d'athées. Il était impassible durant les offices. Sa prière procédait par des élancemens, par des élévations d'âme qui n'avaient aucun mode régulier; il se laissait aller en tout à la nature, et ne voulait pas plus prier que penser à heure fixe. Souvent, à la chapelle, il pouvait aussi bien songer à Dieu que méditer sur quelque idée philosophique. Jésus-

Christ était pour lui le plus beau type de son système. Le : *Et verbum caro factum est!* lui semblait une sublime parole destinée à exprimer la formule traditionnelle de la Volonté, du Verbe, de l'Action se faisant visibles. Le Christ ne s'apercevant pas de sa mort, ayant assez perfectionné l'être intérieur par des œuvres divines pour qu'un jour la forme invisible en apparût à ses disciples, enfin les mystères de l'Évangile, les guérisons magnétiques du Christ et le don des langues lui confirmaient sa doctrine. Je me souviens de lui avoir entendu dire à ce sujet, que le plus bel ouvrage à faire aujourd'hui était l'Histoire de l'Eglise primitive. Jamais il ne s'élevait autant vers la poésie qu'au moment où il abordait, dans une conversation du soir, l'examen des miracles opérés par la puissance de la Volonté pendant cette grande époque de foi. Il trouvait les plus fortes preuves de sa Théorie dans presque tous les martyres subis pendant le premier siècle de l'Église, qu'il appelait *la grande ère de la pensée.* — « Les phénomènes arrivés dans la plupart des supplices si héroïquement soufferts par les chrétiens pour l'établissement de leurs croyances ne prouvent-ils pas, disait-il, que les forces matérielles ne prévaudront jamais contre la force des idées ou contre la Volonté de l'homme ? Chacun peut conclure de cet effet produit par la volonté de tous, en faveur de la sienne. » Je ne crois pas devoir parler de ses idées sur la poésie et sur l'histoire, ni de ses jugemens sur les chefs-d'œuvre de notre langue. Il n'y aurait rien de bien curieux à consigner ici des opinions devenues presque vulgaires aujourd'hui ; mais qui, dans la bouche d'un enfant, pouvaient alors paraître extraordinaires. Il était à la hauteur de tout. Pour exprimer en deux mots son talent, il eût écrit Zadig aussi spirituellement que l'écrivit Voltaire ; il au-

rait aussi fortement que Montesquieu pensé
le dialogue de Sylla et d'Eucrate. La grande
rectitude de ses idées lui faisait désirer avant
tout, dans une œuvre, un caractère d'utilité;
de même que son esprit fin y exigeait la nou-
veauté de la pensée autant que celle de la
forme. Tout ce qui ne remplissait pas ces
conditions lui causait un profond dégoût.
L'une de ses appréciations littéraires les plus
remarquables, et qui fera comprendre le sens
de toutes les autres aussi bien que la lucidité de ses jugemens, est celle-ci, qui m'est
restée dans la mémoire : — « L'Apocalypse
est une extase écrite. » Il considérait la Bible
comme une portion de l'histoire traditionnelle des peuples anté-diluviens, que s'était
partagée l'humanité nouvelle. Pour lui, la
mythologie des Grecs tenait à la fois de la
Bible hébraïque et des livres sacrés de l'Inde,
que cette nation amoureuse de grâce avait
traduits à sa manière.

— Il est impossible, disait-il, de révoquer en doute la priorité des Écritures asiatiques sur nos Écritures saintes. Pour qui sait reconnaître avec bonne foi ce point historique, le monde s'élargit étrangement. N'est-ce pas sur le plateau de l'Asie que se sont réfugiés les quelques hommes qui ont pu survivre à la catastrophe subie par notre globe, si toutefois les hommes existaient avant ce renversement ou ce choc, question grave dont la solution est écrite au fond des mers. L'anthropogonie de la Bible n'est donc que la généalogie d'un essaim sorti de la ruche humaine qui se suspendit aux flancs montagneux du Thibet, entre les sommets de l'Himalaya et ceux du Caucase. Le caractère des idées premières de la horde errante, que son législateur nomma le peuple de Dieu, sans doute pour lui donner de l'unité, peut-être aussi pour lui faire conserver ses propres lois et son système de gouverne-

ment, car les livres de Moïse sont un code
religieux, politique et civil; ce caractère est
marqué au coin de la terreur : ce sont des
pensées gigantesques où la convulsion du
globe est interprétée comme une vengeance
d'en haut ; ne goûtant aucune des douceurs que trouve un peuple assis dans
une terre patriale, ses malheurs ne lui ont
dicté que des poésies sombres, majestueuses
et sanglantes. Au contraire, le spectacle des
promptes réparations de la terre, les effets
prodigieux du soleil, dont les Hindous furent les premiers témoins, leur ont inspiré
les riantes conceptions de l'amour heureux,
le culte du feu, les personnifications infinies
de la reproduction. Ces magnifiques images
manquent à l'œuvre de la horde errante ;
son besoin de conservation à travers les dangers et les pays parcourus jusqu'au lieu du
repos, engendra le sentiment exclusif dont
elle fut animée, et sa haine contre les na-

tions. Ces trois Écritures sont les archives du monde englouti. Là, est le secret des grandeurs inouïes de ces langages et de leurs mythes. Une grande histoire humaine gît sous ces noms d'hommes et de lieux, sous ces fictions qui nous attachent irrésistiblement, sans que nous sachions pourquoi. Peut-être y respirons-nous l'air natal de notre nouvelle humanité.

Pour lui cette triple littérature impliquait donc toutes les pensées de l'homme. Il ne se faisait pas un livre, selon lui, dont le sujet ne s'y pût trouver en germe. Cette opinion montre combien ses premières études sur la Bible furent savamment creusées, et jusqu'où elles le menèrent. Planant toujours au-dessus de la société qu'il ne connaissait que par les livres, il la jugeait froidement. « Les lois, disait-il, n'y arrêtent jamais les entreprises des grands ou des riches, et frappent les petits qui ont au contraire besoin de protection. » Sa bonté ne lui permettait donc pas de sympathiser avec les idées politiques; mais son système conduisait à l'obéissance passive dont Jésus-Christ donna l'exemple. Pendant les derniers momens de mon séjour à Vendôme, il ne sentait plus l'aiguillon de la gloire. Il avait, en quelque sorte, abstractivement joui de la renommée; après l'avoir ouverte, comme les anciens sacrificateurs qui cherchaient l'avenir au cœur des hommes, il n'avait rien trouvé dans les entrailles de cette Chimère. Méprisant donc un sentiment tout personnel : — La gloire, me disait-il, est l'égoïsme divinisé.

Ici peut-être avant de quitter cette enfance exceptionnelle, dois-je la juger par un rapide coup d'œil.

Quelque temps avant notre séparation, Lambert me disait : — « A part les lois générales dont j'espère avoir trouvé la formule, et que je crois être celles de notre organisme, la vie de l'homme est un mouvement qui se résout plus particulièrement, en chaque être, au gré de je ne sais quelle influence, par le Cerveau, par le Cœur, ou par le Nerf. Des trois constitutions représentées par ces mots vulgaires, dérivent les modes infinis de l'Humanité, qui tous résultent des proportions dans lesquelles ces trois principes générateurs se trouvent plus ou moins bien combinés avec les substances qu'ils s'assimilent dans les milieux où ils vivent. » Il s'arrêta, se frappa le front, et me dit : — « Singulier fait! Tous les grands hommes dont j'ai vu les portraits ont le col court. Peut-être la nature veut-elle que chez eux le cœur soit plus près du cerveau. » Puis il reprit : — « De là procède un certain ensemble d'actes qui compose l'existence sociale. A l'homme de

Nerf, l'action ou la force; à l'homme de Cerveau, le Génie; à l'homme de Cœur, la Foi. Mais, ajouta-t-il tristement, à la Foi, les Nuées du Sanctuaire; à Dieu seul, la Clarté. » Donc, suivant ses propres définitions, Lambert fut tout cœur et tout cerveau. Pour moi, la vie de son intelligence s'est scindée en trois phases. Soumis, dès l'enfance, à une précoce activité due sans doute à quelque maladie ou à quelque perfection de ses organes; dès l'enfance, ses forces se résumèrent par le jeu de ses sens intérieurs et par une surabondante production de fluide nerveux. Homme d'idées, il lui fallut étancher la soif de son cerveau qui voulait s'assimiler toutes les idées. De là, ses lectures; et, de ses lectures, ses réflexions qui lui donnèrent le pouvoir de réduire les choses à leur plus simple expression, de les absorber en lui-même, pour les y étudier dans leur essence. Les bénéfices de cette magnifique période, accomplie chez les autres hommes après de longues études seulement, échurent donc à Lambert pendant son enfance corporelle, enfance heureuse, enfance colorée par les studieuses félicités du poète. Le terme où arrivent la plupart des cerveaux fut le point d'où le sien devait partir un jour à la recherche de quelques nouveaux mondes d'intelligence. Là, sans le savoir encore, il s'était créé la vie la plus exigeante et de toutes, la plus avidement insatiable. Pour exister, ne lui fallait-il pas jeter sans cesse une pâture à l'abîme qu'il avait ouvert en lui? Semblable à certains êtres des régions mondaines, ne pouvait-il périr faute d'alimens pour d'excessifs appétits trompés? N'était-ce pas la débauche importée dans l'âme, et qui devait la faire arriver, comme les corps saturés d'alcool, à quelque combustion instantanée? Cette première phase cérébrale me fut inconnue. Aujourd'hui seulement, je puis m'en expliquer ainsi les prodigieuses fructifications et les effets. Lambert avait alors treize ans. Je fus assez heureux pour assister aux premiers jours du second âge. Lambert, et cela le sauva peut-être, y tomba dans toutes les misères de la vie collégiale, et y dépensa la surabondance de ses pensées. Après avoir passé des choses à leur expression pure, des mots à leur substance idéale, de cette substance à des principes ; après avoir tout abstrait, il aspirait, pour vivre, à d'autres créations intellectuelles. Dompté par les malheurs du collége et par les crises de sa vie physique, il demeura méditatif, devina les sentimens, entrevit de nouvelles sciences, véritables masses d'idées ! Arrêté dans sa course, et trop faible encore pour contempler les sphères supérieures, il se contempla intérieurement. Il m'offrit alors le combat de la pensée réagissant sur elle-même et cherchant à surprendre les secrets de sa nature, comme un médecin qui étudierait les progrès de sa propre maladie. Dans cet état de force et de faiblesse, de grâce enfantine et de puissance surhumaine, Louis Lambert est l'être qui m'a donné l'idée la plus poétique et la plus vraie de la créature que nous appelons *un ange*, en exceptant toutefois une femme dont je voudrais dérober au monde le nom, les traits, la personne et la vie, afin d'avoir été seul dans le secret de son existence et pouvoir l'ensevelir au fond de mon cœur. La troisième phase dut m'échapper; elle commençait lorsque je fus séparé de Louis qui ne sortit du collége qu'à l'âge de dix-huit ans, vers le milieu de l'année 1815. Il avait alors perdu son père et sa mère depuis environ six mois. Ne rencontrant personne dans sa famille avec qui son âme, tout expansive mais toujours comprimée depuis notre séparation, pût sympathiser, il se réfugia chez son oncle, nommé son tuteur, et qui, chassé de sa cure en sa qualité de prêtre assermenté, était venu demeurer à Blois. Louis y séjourna pendant quelque temps. Dévoré bientôt par le désir d'achever des études qu'il dut trouver incomplètes, il vint à Paris pour revoir madame de Staël, et pour puiser la science à ses plus hautes sources. Le vieux prêtre, ayant un grand faible pour son neveu, laissa Louis libre de manger son héritage pendant un séjour de trois années à Paris, quoiqu'il y vécût dans la plus profonde misère. Cet héritage consistait en quelques milliers de francs. Lambert revint à Blois vers le commencement de l'année 1820, chassé de Paris par les souffrances qu'y trouvent les gens sans fortune. Pendant son séjour, il dut y être souvent en proie à des orages secrets, à ces horribles tempêtes de pensées par lesquelles les artistes sont agités, s'il faut en juger par le seul fait dont son oncle ait gardé la mémoire, et par la seule lettre que le bonhomme ait conservée de celles que lui écrivit à cette époque Louis Lambert, lettre gardée peut-être parce qu'elle était la dernière et la plus longue de toutes. Voici d'abord le fait.

Louis se trouvait un jour au Théâtre-Français placé sur une banquette des secondes galeries, près d'un de ces piliers entre lesquels étaient alors les troisièmes loges. En se levant pendant le premier entr'acte, il vit une jeune femme qui venait d'arriver dans la loge voisine. La vue de cette femme, jeune et belle, bien mise, décolletée peut-être, et accompagnée d'un amant pour lequel sa figure s'animait de toutes les grâces de l'amour, produisit sur l'âme et sur les sens de Lambert un effet si cruel, qu'il fut obligé de sortir de la salle. S'il n'eût profité des dernières lueurs de sa raison, qui dans le premier moment de cette brûlante passion ne s'éteignit pas complètement, peut-être aurait-il succombé au désir presque invincible qu'il ressentit alors de tuer le jeune homme auquel s'adressaient les regards de cette femme. N'était-ce pas dans notre monde de Paris un éclair de l'amour du Sauvage qui se jette sur la femme comme sur sa proie, un effet d'instinct bestial joint à la rapidité des jets presque lumineux d'une ame comprimée sous la masse de ses pensées? Enfin n'était-ce pas le coup de canif imaginaire ressenti par l'enfant, devenu chez l'homme le coup de foudre de son besoin le plus impérieux, l'amour.

Maintenant voici la lettre dans laquelle se peint l'état de son ame frappée par le spectacle de la civilisation parisienne. Son cœur fut sans doute constamment froissé dans ce gouffre d'égoïsme, et son ame dut toujours y pâtir. Il n'y rencontra peut-être ni amis pour le consoler, ni ennemis pour donner du ton à sa vie. Contraint de vivre sans cesse en lui-même, et ne partageant avec personne ses exquises jouissances ; peut-être voulait-il résoudre l'œuvre de sa destinée par l'extase, et rester sous une forme presque végétale, comme un anachorète des premiers temps de l'Eglise, en abdiquant ainsi l'empire du monde intellectuel ? La lettre semble affirmer ce projet dont les ames grandes se sont éprises à toutes les époques de rénovation sociale. Mais cette résolution n'est-elle pas alors pour certaines d'entre elles l'effet d'une vocation ? ne cherchent-elles pas à concentrer leurs forces dans un long silence, afin d'en sortir propres à gouverner le monde, soit par la Parole, soit par l'Action. Certes, Louis avait dû beaucoup souffrir, recueillir bien de l'amertume parmi les hommes, ou presser la société par quelque terrible ironie sans pouvoir en rien tirer, pour jeter une aussi vigoureuse clameur, pour arriver, lui pauvre! au désir que la lassitude de la puissance et de toute chose a fait accomplir à certains souverains. Peut-être aussi venait-il achever dans la solitude quelque grande œuvre qui flottait encore indécise dans son cerveau? Qui ne le croirait volontiers, en lisant ce fragment de ses pensées où se trahissent les combats dont son ame était le théâtre au moment où cessait pour lui la jeunesse, où commençait à éclore la nerveuse faculté de produire à laquelle auraient été dues les œuvres de l'homme. Cette lettre est en rapport avec l'aventure arrivée au théâtre : le fait et l'écrit s'illuminent réciproquement; l'ame et le corps s'étaient mis au même ton. Cette tempête de doutes et d'affirmations, de nuages et d'éclairs qui souvent laisse échapper la foudre, et qui finit par une aspiration affamée vers la lumière céleste, jette assez de clarté sur la troisième époque de son éducation morale, pour la faire comprendre en entier. En lisant ces pages écrites au hasard, prises et reprises suivant les caprices de la vie parisienne, ne semble-t-il pas voir un chêne pendant le temps où son accroissement intérieur fait crever sa jolie peau verte, le couvre de rugosités, de fissures, et où se prépare sa forme majestueuse, si toutefois le tonnerre du ciel ou la hache de l'homme le respectent. A cette lettre finira donc, pour le penseur comme pour le poète, cette enfance grandiose et cette jeunesse incomprise. Là se termine le contour de ce germe moral dont les philosophes devront regretter les frondaisons atteintes par la gelée dans leurs bourgeons, dont ils devront pleurer les fleurs écloses peut-être en des régions plus élevées que ne le sont les plus hauts lieux de la terre.

Paris, septembre-novembre 1819.

Cher oncle, je vais bientôt quitter ce pays, où je ne saurais vivre. Je n'y vois aucun homme aimer ce que j'aime, s'occuper de ce qui m'occupe, s'étonner de ce qui m'étonne. Forcé de me replier sur moi-même, je me creuse et souffre. La longue et patiente étude que je viens de faire de cette société donne des conclusions tristes où le doute domine. Ici le point de départ en tout est l'argent; il faut de l'argent, même pour se passer d'argent; mais quoique ce métal soit nécessaire à qui veut penser tranquillement, je ne me sens pas le courage d'en faire l'unique mobile de mes pensées. Pour amasser une fortune, il faut choisir un état; en un mot, acheter par quelque privilége de position ou l'achalandage, par un privilége légal ou fort habilement créé, le droit de prendre chaque jour, dans la bourse d'autrui, une somme assez mince qui, chaque année, produit un petit capital ; lequel par dix années donne à peine quatre ou cinq mille francs de rente quand un homme se conduit honnêtement. En quinze ou seize ans et après son apprentissage, l'avoué, le notaire, le marchand, tous les travailleurs patentés ont gagné du pain pour leurs vieux jours. Je ne me suis senti propre à rien en ce genre. Je préfère la pensée à l'action, une idée à une affaire, la contemplation au mouvement. Je manque essentiellement de la constante attention nécessaire à qui veut faire fortune. Toute entreprise mercantile, toute obligation de demander de l'argent à autrui me conduirait à mal, et je serais bientôt ruiné. Si je n'ai rien, au moins ne dois-je rien en ce moment. Il faut matériellement peu à celui qui vit pour accomplir de grandes choses dans l'ordre moral ; mais quoique vingt sous par jour puissent me suffire, je ne possède pas la rente de cette oisiveté travailleuse. Si je veux méditer, le besoin me chasse hors du sanctuaire où se meut ma pensée. Que vais-je devenir? La misère ne m'effraye pas. Si l'on n'emprisonnait, si l'on ne flétrissait, si l'on ne méprisait point les mendians, je mendierais pour pouvoir résoudre à mon aise les problèmes dont je suis occupé. Mais cette sublime résignation, qui ne considère plus le corps et rend la pensée souveraine, ne servirait à rien ; il faut encore de l'argent pour se livrer à certaines expériences ; sans cela, j'eusse accepté l'indigence apparente d'un penseur qui possède la terre et le ciel. Pour être grand dans la misère, il suffit de ne jamais s'avilir ; l'homme qui combat et souffre en marchant vers un noble but, présente certes un beau spectacle ; mais, ici, qui se sent la force de lutter? On escalade des rochers, on ne peut pas toujours piétiner dans la boue. Ici tout décourage le vol en droite ligne d'un esprit qui tend à l'avenir. Je ne me craindrais pas dans une grotte au désert, et je me crains ici : au désert, je serais avec moi-même sans distraction; ici, l'homme éprouve une foule de besoins qui le rapetissent. Quand vous êtes sorti rêveur, préoccupé, la voix du pauvre vous rappelle au milieu de ce monde de faim et de soif, en vous demandant l'aumône. Il faut de l'argent pour se promener ! Les organes sont incessamment fatigués par des riens et ne se reposent jamais. La nerveuse disposition du poète est ici sans cesse ébranlée, et ce qui doit faire sa gloire, devient son tourment; son imagination y est sa plus cruelle ennemie. Ici l'ouvrier blessé, l'indigente en couches, la fille publique devenue malade, l'enfant abandonné, le vieillard infirme, les vices, le crime lui-même trouvent un asile et des soins ; tandis que le monde est impitoyable pour l'inventeur, pour tout homme qui médite. Ici, tout doit avoir un résultat immédiat, réel ; l'on s'y moque des essais d'abord infructueux qui peuvent mener aux plus grandes découvertes, et l'on n'y estime pas cette étude constante et profonde qui veut une longue concentration des forces. L'État pourrait solder le talent, comme il solde la baïonnette ; mais il tremble d'être trompé par l'homme d'intelligence, comme si l'on pouvait long-temps contrefaire le génie ! Ah! mon oncle, quand on a détruit les solitudes conventuelles, assises aux pieds des monts, sous des ombrages verts et silencieux, ne devait-on pas construire des hospices pour les ames souffrantes qui par une seule pensée engendrent le mieux des nations, ou préparent les progrès d'une science. . . . .

20 septembre.

L'étude m'a conduit ici, vous le savez, j'y ai trouvé des hommes vraiment instruits, étonnans pour la plupart, mais l'absence d'unité dans les travaux scientifiques annule presque tous les efforts. Ni l'enseignement ni la science n'ont de chef. Vous entendez un professeur prouver au Muséum que celui de la rue Saint-Jacques vous a dit d'absurdes niaiseries, et l'homme de l'école de Médecine soufflette celui du collége de France. A mon arrivée, je suis allé entendre un écrivain auquel l'opinion publique accorde un talent incisif et sonore, je l'ai trouvé disant à cinq cents jeunes gens que Corneille est un génie vigoureux et fier, Racine élégiaque et tendre, Molière inimitable, Voltaire éminemment spirituel, Bossuet et Pascal désespérément forts. Un professeur de philosophie devient illustre, en disant comment Platon est Platon. Un autre fait l'histoire des mots sans penser aux idées. Celui-ci vous explique Eschyle, celui-là vous prouve que les communes étaient les communes. Ces aperçus nouveaux et lumineux, paraphrasés pendant quelques heures, constituent le haut enseignement qui doit faire faire des pas de géant aux connaissances humaines. Si le gouvernement avait une pensée, je le soupçonnerais d'avoir peur des supériorités réelles qui, réveillées, mettraient la société sous le joug d'un pouvoir intelligent. Les nations iraient alors trop vite, et les professeurs sont chargés de faire des sots. Comment expliquer autrement un professorat sans méthode, sans une idée d'avenir? L'Institut pouvait être le grand gouvernement du monde moral et intellectuel; mais il a été récemment brisé par sa constitution en académies séparées. La science humaine marche donc sans guide, sans système, et flotte au hasard, sans s'être tracé de route. Ce laissé-aller, cette incertitude existe en politique comme en science. Dans l'ordre naturel, les moyens sont simples, la fin est grande et merveilleuse; ici, dans la science comme dans le gouvernement, les moyens sont immenses, la fin est petite. Cette force qui, dans la nature, marche d'un pas égal et dont la somme s'ajoute perpétuellement à elle-même, cet A $+$ A qui produit tout, est destructif dans la société. La politique actuelle oppose les unes aux autres les forces humaines pour les neutraliser, au lieu de les combiner pour les faire agir dans un but quelconque. En s'en tenant à l'Europe, depuis César jusqu'à Constantin, de Constantin au sauvage Attila, des Huns à Charlemagne, de Charlemagne à Léon X, de Léon X à Philippe II, de Philippe II à Louis XIV, de Venise à l'Angleterre, de l'Angleterre à Napoléon, de Napoléon à l'Angleterre, je ne vois aucune fixité dans la politique, et son agitation constante n'a procuré nul progrès. Les nations témoignent de leur grandeur par des monumens, ou de leur bonheur par le bien-être individuel. Les monumens modernes valent-ils les anciens ? j'en doute. Les arts qui participent plus immédiatement de l'homme individuel, les productions de son génie ou de sa main ont peu gagné. Les jouissances de Lucullus valaient bien celles de Samuel Bernard, de Beaujon ou du roi de Bavière. Enfin, la longévité humaine a perdu. Pour qui veut être de bonne foi, rien n'a donc changé : l'homme est le même ; la force est toujours son unique loi, le succès sa seule sagesse. Jésus-Christ, Mahomet ou Luther, n'ont fait que colorer différemment le cercle dans lequel les jeunes nations ont fait leurs évolutions. Nulle politique n'a empêché la civilisation, ses richesses, ses mœurs, son contrat entre les forts contre les faibles, ses idées et ses voluptés d'aller de Memphis à Tyr, de Tyr à Balbek, de Tedmor à Carthage, de Carthage à Rome, de Rome à Constantinople, de Constantinople à Venise, de Venise en Espagne, d'Espagne en Angleterre, sans que nul vestige n'existe de Memphis, de Tyr, de Carthage, de Rome, de Venise ni de Madrid. L'esprit de ces grands corps s'est envolé. Nul ne s'est préservé de la ruine, et n'a deviné cet axiome : *Quand l'effet produit n'est plus en rapport avec sa cause, il y a désorganisation.* Le génie le plus subtil ne peut découvrir aucune liaison entre ces grands faits sociaux. Aucune théorie politique n'a vécu. Les gouvernemens passent comme les hommes, sans se transmettre aucun enseignement, et nul système n'engendre un système plus parfait. Que conclure de la politique, quand le gouvernement appuyé sur Dieu a péri dans l'Inde et en Egypte; quand le gouvernement du sabre et de la thiare a passé;

quand le gouvernement d'un seul est mort ; quand le gouvernement de tous n'a jamais pu vivre ; quand aucune conception de la force intelligentielle, appliquée aux intérêts matériels, n'a pu durer, et que tout est à refaire aujourd'hui comme à toutes les époques où l'homme s'est écrié : Je souffre ! Le code que l'on regarde comme la plus belle œuvre de Napoléon, est l'œuvre la plus draconnienne que je sache. La divisibilité territoriale poussée à l'infini, dont elle a consacré le principe par le partage des biens, doit engendrer l'abâtardissement de la nation, la mort des arts et celle des sciences. Le sol trop divisé se cultive en céréales, en petits végétaux ; les forêts et partant les cours d'eau disparaissent ; vienne une invasion, le peuple est écrasé, car il a perdu ses grands ressorts en perdant ses chefs. Et voilà l'histoire des déserts ! La politique est donc une science sans principes arrêtés, sans fixité possible ;

elle est le génie du moment, l'application constante de la force, suivant la nécessité du jour. L'homme qui verrait à dix siècles de distance mourrait sur la place publique chargé des imprécations du peuple; ou serait, ce qui me semble pis, flagellé par les mille fouets du ridicule. Les nations sont des individus qui ne sont ni plus sages ni plus forts que ne l'est l'homme, et leurs destinées sont les mêmes. Réfléchir sur celui-ci, n'est-ce pas s'occuper de celles-là. Au spectacle de cette société sans cesse tourmentée dans ses bases comme dans ses effets, dans ses causes comme dans son action, chez laquelle la philanthropie est une sublime erreur, et le progrès un non-sens, j'ai gagné la confirmation de cette vérité, que la vie est en nous, et non au dehors; que s'élever au-dessus des hommes pour leur commander est le rôle agrandi d'un régent de classe; et que les hommes assez forts pour monter jusqu'à la ligne où ils peuvent jouir du coup d'œil des mondes, ne doivent pas regarder à leurs pieds. . . . .

5 Novembre.

Je suis assurément occupé de pensées graves, je marche à certaines découvertes, une force invincible m'entraîne vers une lumière qui a brillé de bonne heure dans les ténèbres de ma vie morale ; mais quel nom donner à la puissance qui me lie les mains, me ferme la bouche, et m'entraîne en sens contraire à ma vocation ? Il faut quitter Paris, dire adieu aux livres des bibliothèques. à ces beaux foyers de lumière, à ces savans si complaisans, si accessibles, à ces jeunes génies avec lesquels j'aurais pu marcher. Qui me repousse? est-ce le hasard, est-ce la Providence? Les deux idées que représentent ces mots sont inconciliables. Si le hasard n'est pas, il faut admettre le fatalisme, où la coordonnation forcée des choses soumises à un plan général. Alors pourquoi résisterions-nous ? Si l'homme n'est plus libre, que devient l'échafaudage de sa morale ? Et s'il peut faire sa destinée, s'il peut par son libre arbitre arrêter l'accomplissement du plan général, que devient Dieu ? Pourquoi suis-je venu ? Si je m'examine, je le sais, et je trouve en moi des textes à développer ; mais alors pourquoi possédé-je d'énormes facultés sans pouvoir en user ? Si mon supplice servait à quelque exemple, je le concevrais ; mais non, je souffre obscurément. Ce résultat est aussi providentiel que peut l'être le sort de la fleur inconnue qui meurt au fond d'une forêt vierge sans que personne n'en sente les parfums ou n'en admire l'éclat. De même qu'elle exhale vainement ses odeurs dans la solitude, j'enfante ici dans un grenier des idées sans qu'elles soient saisies. Hier, j'ai mangé du pain e des raisins le soir, devant ma fenêtre, avec un jeune médecin nommé Meyraux. Nous avons causé comme des gens que le malheur a rendus frères ; et je lui ai dit : — « Je m'en vais, vous restez, prenez mes conceptions et développez-les ! — Je ne le puis, me répondit-il avec une amère tristesse, ma santé trop faible ne résistera pas à mes travaux, et je dois mourir jeune en combattant la misère. » Nous avons regardé le ciel, en nous pressant les mains. Nous nous sommes rencontrés au Cours d'anatomie comparée et dans les galeries du Muséum, amenés tous deux par une même étude, l'unité de la composition zoologique. Chez lui, c'était le pressentiment du génie envoyé pour ouvrir une nouvelle route dans les friches de l'intelligence ; chez moi, c'était déduction d'un système général. Ma pensée est de déterminer les rapports réels qui peuvent exister entre l'homme et Dieu. N'est-ce pas une nécessité de l'époque? Sans de hautes certitudes, il est impossible de mettre un mors à ces sociétés que l'esprit d'examen et de discussion a déchaînées et qui crient aujourd'hui : — Menez-nous dans une voie où nous marcherons sans rencontrer des abimes! Vous me demanderez ce que l'anatomie comparée a de commun avec une question aussi grave pour l'avenir des sociétés. Ne faut-il pas se convaincre que l'homme est le but de tous les moyens terrestres pour se demander s'il ne sera le moyen d'aucune fin? Si l'homme est lié à tout, n'y a-t-il rien au-dessus de lui, à quoi il se lie à son tour? S'il est le terme des transmutations inexpliquées qui montent jusqu'à lui, ne doit-il pas être le lien entre la nature visible et une nature invisible? L'action du monde n'est pas absurde, elle aboutit à une fin, et cette fin ne doit pas être une société constituée comme l'est la nôtre. Il se rencontre une terrible lacune entre nous et le ciel. En l'état actuel, nous ne pouvons ni toujours jouir, ni toujours souffrir ; ne faut-il pas un énorme changement pour arriver au paradis et à l'enfer, deux conceptions sans lesquelles Dieu n'existe pas aux yeux de la masse? Je sais qu'on s'est tiré d'affaire en inventant l'ame ; mais j'ai quelque répugnance à rendre Dieu solidaire des lâchetés humaines, de nos désenchantemens, de nos dégoûts, de notre décadence. Puis comment admettre en nous un principe divin contre lequel un verre de rhum puisse prévaloir ? comment imaginer des facultés immatérielles que la matière réduise, dont l'exercice soit enchaîné par un grain d'opium ? Comment imaginer que nous sentirons quand nous serons dépouillés des conditions de notre sensibilité ? Comment Dieu périrait-il, parce que la substance serait pensante ? L'animation de la substance et ses mille instincts, effets de ses organes, sont-ils moins inexplicables que les effets de la pensée? Le mouvement imprimé aux mondes n'est-il pas suffisant pour prouver Dieu, sans aller se jeter dans les absurdités dont notre orgueil a été le principe? Que d'une façon d'être périssable, nous allions après nos épreuves à une existence meilleure, n'est-ce pas assez pour une créature qui ne se distingue des autres que par un instinct plus complet? S'il n'existe pas, en morale, un principe qui ne mène à l'absurde, ou ne soit contredit par l'évidence, n'est-il pas temps de se mettre en quête des dogmes écrits au fond de la nature des choses? Ne faudrait-il pas retourner la science philosophique? Nous nous occupons très peu du prétendu néant qui nous a précédés, et nous fouillons le prétendu néant qui nous attend. Nous faisons Dieu responsable de l'avenir, et nous ne lui demandons aucun compte du passé. Cependant il est aussi nécessaire de savoir si nous n'avons aucune racine dans l'antérieur que de savoir si nous sommes soudés au futur. Nous n'avons été déistes ou athées que d'un côté. Le monde est-il éternel? le monde est-il créé? nous ne concevons aucun moyen terme entre ces deux propositions ; l'une est fausse, l'autre est vraie, choisissez! quel que soit votre choix, Dieu, tel que notre raison se le figure, doit s'amoindrir, ce qui équivaut à sa négation. Faites le monde éternel? la question n'est pas douteuse, Dieu l'a subi ; mais supposez-le créé? Dieu n'est plus possible. Comment serait-il resté toute une éternité sans savoir qu'il aurait la pensée de créer le monde? Comment n'en sait-il point par avance les résultats? D'où en a-t-il tiré l'essence? de lui nécessairement ; si le monde sort de lui, comment admettre le mal? Si le mal est sorti du bien, vous tombez dans l'absurde; mais s'il n'y a pas de mal, que deviennent les sociétés avec leurs lois? Partout des précipices! partout un abîme pour la raison! Il est donc une science sociale à refaire en entier. Ecoutez, mon oncle! tant qu'un beau génie n'aura pas rendu compte de l'inégalité patente des intelligences, le sens général de l'humanité, le mot Dieu sera sans cesse mis en accusation, et la société reposera sur des sables mouvans. Le secret des différentes zones morales dans lesquelles transite l'homme, se trouvera dans l'analyse de l'animalité tout entière. L'animalité n'a, jusqu'à présent, été considérée que par rapport à ses différences, et non dans ses similitudes, dans ses apparences organiques et non dans ses facultés. Les facultés animales se perfectionnent de proche en proche, suivant des lois à rechercher ; ces facultés correspondent à des forces qui les expriment, et des forces sont essentiellement matérielles, divisibles. Des facultés matérielles! songez à ces deux mots.

N'est-ce pas une question aussi insoluble que l'est celle de la communication du mouvement à la matière, abîme encore inexploré, dont le système de Newton a plutôt déplacé que résolu la difficulté. Enfin la combinaison constante de la lumière avec tout ce qui vit sur la terre, veut un nouvel examen du globe. L'animal du même genre n'est plus le même sous la Torride, dans l'Inde ou dans le Nord. Entre la verticalité et l'obliquité des rayons solaires, il se développe une nature dissemblable et pareille qui, la même dans son principe, ne ressemble ni en-deçà ni au-delà dans ses résultats. Le phénomène qui crève nos yeux dans la comparaison des papillons du Bengale et des papillons d'Europe est bien plus grand encore dans le monde moral. Il faut un angle facial déterminé, une certaine quantité de plis cérébraux pour obtenir Colomb, Raphaël, Napoléon, Laplace ou Mozart. La vallée sans soleil donne le crétin,

Tirez vos conclusions? Pourquoi ces différences dues à la distillation plus ou moins heureuse de la lumière par l'homme? Ces grandes masses humanitaires souffrantes, plus ou moins actives, plus ou moins nourries, plus ou moins éclairées, constituent des difficultés à résoudre, et qui crient contre Dieu. Pourquoi, dans l'extrême joie, voulons-nous toujours quitter la terre? pourquoi l'envie de s'élever, dont toute créature est saisie? Le mouvement est une grande âme dont l'alliance avec la matière est tout aussi difficile à expliquer que l'est la pensée. Aujourd'hui la science est une, il est impossible de toucher à la politique sans s'occuper de morale; et la morale tient à toutes les questions scientifiques. Il me semble que nous sommes à la veille d'une grande bataille humaine; les forces sont là; seulement, je ne vois pas de général. . . . .

25 Novembre.

Croyez-moi, mon oncle, il est difficile de renoncer sans douleur à la vie qui nous est propre, et je retourne à Blois avec un affreux saisissement de cœur. J'y mourrai en emportant des vérités utiles! Aucun intérêt personnel ne dégrade mes regrets. La gloire est-elle quelque chose à qui croit pouvoir aller dans une sphère supérieure? Je ne suis pris d'aucun amour pour la syllabe *Lam* et la syllabe *bert*; prononcées avec vénération ou avec insouciance sur ma tombe, elles ne changeront rien à ma destinée ultérieure. Je me sens fort, énergique, et pourrais devenir une puissance; je sens en moi une vie si lumineuse qu'elle pourrait animer un monde, et je suis enfermé dans une sorte de minéral, comme y sont peut-être effectivement les couleurs que vous admirez au col des oiseaux de la presqu'île indienne. Il faudrait embrasser

tout ce monde, l'étreindre pour le refaire;
mais ceux qui l'ont ainsi étreint et refondu,
n'ont-ils pas commencé par être un rouage
de la machine? moi, je serais broyé. A Mahomet le sabre, à Jésus la croix, à moi la mort
obscure; demain à Blois, et quelques jours
après dans un cercueil. Savez-vous pourquoi?
Je suis revenu à Swedenborg. Quelque obscurs
et diffus que soient ses livres, il s'y trouve
les élémens d'une conception sociale grandiose. Sa théocratie est sublime, et sa religion
est la seule que puisse admettre un esprit supérieur. Lui seul fait toucher à Dieu, il en
donne soif, il a dégagé la majesté de Dieu
des langes dans lesquels l'ont entortillé les
cultes humains; il l'a laissé là où il est, en
faisant graviter autour de lui ses créations
innombrables et ses créatures par des transformations successives qui sont un avenir
plus immédiat, plus naturel que ne l'est l'éternité catholique. Il a lavé Dieu du repro-

che que lui font les âmes tendres sur la pérennité des vengeances par lesquelles il punit les fautes d'un instant, système sans justice et sans bonté. Chaque homme peut savoir s'il lui est réservé d'entrer dans une autre vie, et si ce monde a un sens. Cette expérience, je vais la tenter. Cette tentative peut sauver le monde, aussi bien que la croix de Jérusalem et le sabre de l'Alcoran. L'un et l'autre sont fils du désert. Des trente-trois années de Jésus, il n'en est que deux de connues, sa vie silencieuse a préparé sa vie glorieuse. A moi aussi, il me faut le désert!

Malgré les difficultés de l'entreprise, j'ai cru devoir essayer de peindre la jeunesse de Lambert, cette vie cachée à laquelle je suis redevable des seules bonnes heures et des seuls souvenirs agréables de mon enfance. Hormis ces deux années, je n'ai eu que troubles et ennuis. Si plus tard le bonheur est venu, mon bonheur fut toujours incomplet. J'ai été très diffus, sans doute ; mais faute de pénétrer dans l'étendue du cœur et du cerveau de Lambert, deux mots qui représentent imparfaitement les modes infinis *de sa vie intérieure*, il serait presque impossible de comprendre la seconde partie de son histoire intellectuelle, également inconnue et au monde et à moi, mais dont il m'a été permis d'entrevoir, pendant quelques heures, l'occulte dénouement. Ceux auxquels ce livre ne sera pas encore tombé des mains comprendront, je l'espère, les événemens qui me restent à raconter, et qui forment en quelque sorte une seconde existence à cette créature, pourquoi ne dirais-je pas à cette création en qui tout devait être extraordinaire.

Quand Louis fut de retour à Blois, son

oncle s'empressa de lui procurer des distractions. Mais ce pauvre prêtre se trouvait dans cette ville dévote comme un véritable lépreux, personne ne se souciait de recevoir un révolutionnaire, un assermenté. Sa société consistait donc en quelques personnes de l'opinion dite alors libérale, patriote ou constitutionnelle, chez lesquelles il se rendait pour faire sa partie de wisth ou de boston. Dans la première maison où le présenta son oncle, Louis vit une jeune personne que sa position forçait à rester dans cette société réprouvée par les gens du grand monde, quoique sa fortune fût assez considérable pour faire supposer que, plus tard, elle pourrait contracter une alliance dans la haute aristocratie du pays. Mademoiselle Pauline de Villenoix se trouvait seule héritière des richesses amassées par son grand-père, un juif nommé Salomon, qui, contrairement aux usages de sa nation, avait épousé dans sa vieillesse une femme de la religion catholique. Il eut un fils élevé dans la communion de sa mère. A la mort de son père, le jeune Salomon acheta, suivant l'expression du temps, une savonnette à vilain, et fit ériger en baronie la terre de Villenoix dont il prit le nom. Il était mort sans avoir été marié, mais en laissant une fille naturelle à laquelle il avait légué la plus grande partie de sa fortune, et notamment sa terre de Villenoix. Un de ses oncles, M. Joseph Salomon, fut nommé par M. de Villenoix, tuteur de l'orpheline. Ce vieux juif avait pris une telle affection pour sa pupille, qu'il paraissait vouloir faire de grands sacrifices afin de la marier honorablement. Mais l'origine de mademoiselle de Villenoix et les préjugés que l'on conserve en province contre les juifs, ne lui permettaient pas, malgré sa fortune et celle de son tuteur, d'être reçue dans cette société tout exclusive qui s'appelle, à tort ou à raison, la noblesse. Cependant M. Joseph Salomon prétendait, qu'à défaut d'un hobereau de province, sa pupille irait choisir à Paris un époux parmi les pairs libéraux ou monarchiques. Quant à son bonheur, le bon tuteur croyait pouvoir le lui garantir par les stipulations du contrat de mariage. Mademoiselle de Villenoix avait alors vingt ans. Sa beauté remarquable, les grâces de son esprit étaient, pour sa félicité, des garanties moins équivoques que toutes celles données par la fortune. Ses traits offraient dans sa plus grande pureté le caractère de la beauté juive, ces lignes ovales, si larges et si virginales qui ont je ne sais quoi d'idéal et respirent les délices de l'Orient, l'azur inaltérable de son ciel, les splendeurs de sa terre, et les fabuleuses richesses de sa vie. Elle avait de beaux yeux voilés par de longues paupières garnies de cils épais et recourbés;

une innocence biblique animait son front; son teint avait la blancheur mate des robes du lévite; elle restait habituellement silencieuse et recueillie; mais ses gestes, ses mouvemens, témoignaient d'une grâce cachée, de même que ses paroles attestaient l'esprit doux et caressant de la femme. Cependant elle n'avait pas cette fraîcheur rosée, ces couleurs purpurines dont les joues de la femme sont décorées pendant son âge d'insouciance. Des nuances brunes, mélangées de quelques filets rougeâtres, remplaçaient dans son visage la coloration, et trahissaient un caractère énergique, une irritabilité nerveuse que beaucoup d'hommes n'aiment pas à trouver dans une femme, mais qui, pour certains autres, sont l'indice d'une chasteté de sensitive et de passions fières. Aussitôt que Lambert aperçut mademoiselle de Villenoix, il devina l'ange sous cette forme. Alors les facultés de son

âme, si grandes, si fortes; sa pente vers
l'extase, tout en lui se résolut par un amour
sans bornes, par le premier amour du jeune
homme, passion déjà si vigoureuse chez les
autres, mais que la vivace ardeur de ses
sens, la nature de ses idées et son genre
de vie dûrent porter à une puissance incal-
culable. Cette passion fut un abîme où le
malheureux jeta tout, abîme où la pensée
s'effraie de descendre, puisque la sienne, si
flexible et si aciérée, s'y perdit. Là tout est
mystère, car tout se passait dans ce monde
moral, clos pour la plupart des hommes, et
dont il avait cru deviner les lois. Lorsque le
hasard me mit en relation avec son oncle, le
bonhomme m'introduisit dans la chambre
habitée à cette époque par Lambert. Je voulais y chercher quelques traces de ses œuvres,
s'il en avait laissé. Là, parmi des papiers
dont le vieillard respectait le désordre avec
cet exquis sentiment de douleur qui distin-

que les vieilles gens, je trouvai plusieurs lettres trop illisibles pour avoir été remises à mademoiselle de Villenoix. La connaissance que je possédais de l'écriture de Lambert me permit, à l'aide du temps, de déchiffrer les hiéroglyphes de cette sténographie créée par l'impatience et par la frénésie de la passion. Emporté par ses sentimens, il écrivait sans s'apercevoir de l'imperfection des lignes trop lentes à formuler sa pensée. Il avait dû être obligé de recopier ses essais informes où souvent les lignes se confondaient; mais peut-être aussi craignait-il de ne pas donner à ses idées des formes assez décevantes; et, dans le commencement, s'y prenait-il à deux fois pour ses lettres d'amour. Quoi qu'il en soit, il a fallu toute l'ardeur de mon culte pour sa mémoire, et l'espèce de fanatisme que donne une entreprise de ce genre, pour deviner et rétablir le sens des cinq lettres qui suivent. Ces papiers, que je conserve avec une sorte de piété, sont les seuls témoignages matériels de son ardente passion. Mademoiselle de Villenoix a sans doute détruit les véritables lettres qui lui furent adressées, fastes éloquens du délire qu'elle causa. La première de ces lettres, qui était évidemment ce qu'on nomme un brouillon, attestait par sa forme et par son ampleur, ces hésitations, ces troubles du cœur, ces craintes sans nombre éveillées par l'envie de plaire, ces changemens d'expression et ces incertitudes entre toutes les pensées qui assaillent un jeune homme écrivant sa première lettre d'amour : lettre dont on se souvient toujours, dont chaque phrase est le fruit d'une rêverie, dont chaque mot excite de longues contemplations, où le sentiment le plus effréné de tous comprend la nécessité des tournures les plus modestes; et, comme un géant qui se courbe pour entrer dans une chaumière, se fait humble et petit pour ne pas effrayer une ame de jeune fille. Jamais antiquaire n'a manié ses palimpsestes avec plus de respect que je n'en eus à étudier, à reconstruire ces monumens mutilés d'une souffrance et d'une joie si sacrée pour ceux qui ont connu la même souffrance et la même joie.

I.

Mademoiselle, quand vous aurez lu cette lettre, si toutefois vous la lisez, ma vie sera entre vos mains, car je vous aime; et, pour moi, espérer d'être aimé, c'est la vie. Je ne sais si d'autres n'ont point, en vous parlant d'eux, abusé déjà des mots que j'emploie ici pour vous peindre l'état de mon ame; croyez cependant à la vérité de mes expressions, elles sont faibles mais sincères. Peut-être est-ce mal d'avouer ainsi son amour? Oui, la voix de mon cœur me conseillait d'attendre en silence que ma passion vous eût touchée, afin de la dévorer, si les muets témoignages vous en déplaisaient; ou pour l'exprimer plus chastement encore que par des paroles, si je trouvais grâce à vos yeux. Mais, après avoir long-temps écouté les délicatesses dont s'effraie un jeune cœur, j'ai obéi, en vous écrivant, à l'instinct qui arrache des cris inutiles aux mourans. J'ai eu besoin de tout mon courage pour imposer silence à la fierté du malheur et pour franchir les barrières que les préjugés mettent entre vous et moi. J'ai dû comprimer bien des pensées, pour vous aimer malgré votre fortune! Enfin, pour vous écrire, ne fallait-il pas affronter ce mépris que les femmes réservent souvent à des amours dont néanmoins elles écoutent l'aveu comme une flatterie de plus parmi celles qu'elles reçoivent ou pensent. Aussi faut-il s'élancer de toutes ses forces vers le bonheur, être attiré vers la vie de l'amour comme l'est une plante vers la lumière, et avoir été bien malheureux, pour savoir vaincre les tortures, les angoisses de ces délibérations secrètes où la raison nous démontre de mille manières la stérilité des vœux cachés au fond du cœur, et où cependant l'espérance nous fait tout braver. J'étais si heureux de vous admirer en silence, j'étais si complètement abîmé dans la contemplation de votre belle âme, qu'en vous voyant je n'imaginais presque rien au-delà. Non, je n'aurais pas encore osé vous parler, si je n'avais entendu annoncer votre départ. A quel supplice un seul mot m'a livré! Enfin mon chagrin m'a fait apprécier l'étendue de mon attachement pour vous, il est sans bornes. Mademoiselle, vous ne connaîtrez jamais, du moins je désire que jamais vous n'éprouviez la douleur causée par la crainte de perdre le seul bonheur qui soit éclos pour nous sur cette terre, le seul qui nous ait jeté quelque lueur dans l'obscurité de la misère. Hier, j'ai senti que ma vie n'était plus en moi, mais en vous. Il n'est plus pour moi qu'une femme dans le monde, comme il n'est plus qu'une seule pensée dans mon ame. Je n'ose vous dire à quelle alternative me réduit l'amour que j'ai pour vous. Ne voulant vous devoir qu'à vous-même, je dois éviter de me présenter accompagné de tous les prestiges du malheur : ne sont-ils pas plus actifs que ceux de la fortune sur de nobles ames? Je vous tairai donc bien des choses. Oui, j'ai une idée trop belle de l'amour, pour le corrompre par des pensées étrangères à sa nature. Si mon âme est digne de la vôtre, si ma vie est pure, votre cœur en aura quelque généreux pressentiment, et vous me comprendrez! Il est dans la destinée de l'homme de s'offrir à celle qui le fait croire au bonheur; mais votre droit est de refuser le sentiment le plus vrai, s'il ne s'accorde pas avec les voix confuses de votre cœur : je le sais. Si le sort que vous me ferez doit être contraire à mes espérances, mademoiselle, j'invoque les délicatesses de votre ame vierge, aussi bien que l'ingénieuse pitié de la femme! Ah! je vous en supplie à genoux, brûlez ma lettre, oubliez tout! Ne plaisantez pas d'un sentiment respectueux et trop profondément empreint dans l'ame pour pouvoir s'en effacer. Brisez mon cœur, mais ne le déchirez pas! Que l'expression de mon premier amour, d'un amour jeune et pur, n'ait retenti que dans un cœur jeune et pur; qu'il y meure comme une prière mentale va se perdre dans le sein de Dieu! Je vous dois de la reconnaissance : j'ai passé des heures délicieuses occupé à vous voir, en m'abandonnant aux rêveries les plus douces de ma vie; ne couronnez donc pas cette frêle et passagère félicité par quelque moquerie de jeune fille. Contentez-vous de ne pas me répondre, je saurai bien interpréter votre silence, et vous ne me verrez plus. Si je dois être condamné à toujours comprendre le bonheur et à le perdre toujours ; si je suis, comme l'ange exilé, conservant le sentiment des délices célestes, mais sans cesse attaché dans un monde de douleur ; eh bien ! je garderai le secret de mon amour, comme celui de mes misères. Et, adieu ! Oui, je vous confie à Dieu, que j'implorerai pour vous, à qui je demanderai de vous faire une belle vie ; car, fussé-je chassé de votre cœur, je ne vous quitterai jamais. Autrement, quelle valeur auraient les paroles saintes de cette lettre ; ma première et ma dernière prière peut-être ! Si je cessais un jour de penser à vous, de vous aimer, heureux ou malheureux ! ne mériterais-je pas mes angoisses ?

II.

Vous ne partez pas ! Je suis donc aimé ! moi, pauvre être obscur. Ma chère Pauline, vous ne connaissez pas la puissance du regard auquel je crois, et que vous m'avez jeté pour m'annoncer que j'avais été choisi par vous, par vous, jeune et belle, qui voyez le monde à vos pieds. Pour vous faire comprendre mon bonheur, il faudrait vous raconter ma vie. Si vous m'eussiez repoussé, pour moi tout était fini. J'avais trop souffert. Oui, mon amour, ce bienfaisant et magnifique amour était un dernier effort vers la vie heureuse dont mon ame avait soif, une ame déjà brisée par des travaux inutiles, consumée par des craintes qui me font douter de moi, rongée par des désespoirs qui m'ont souvent persuadé de mourir. Non, personne dans le monde ne sait la terreur que ma fatale imagination me cause à moi-même. Elle m'élève souvent dans les cieux, et tout-à-coup me laisse tomber à terre d'une hauteur prodigieuse. D'intimes élans de force, quelques rares et secrets témoignages d'une lucidité particulière, me disent parfois que je puis beaucoup. Alors j'enveloppe le monde par ma pensée, je le pétris, je le façonne, je le pénètre, je le comprends ou crois le comprendre; mais soudain, je me réveille seul, et me trouve dans une nuit profonde, tout chétif; j'oublie les lueurs que je viens d'entrevoir, je suis privé de secours, et surtout sans un cœur où je puisse me réfugier! Ce malheur de ma vie morale agit également sur mon existence physique. La nature de mon esprit m'y livre sans défense aux joies du bonheur comme aux affreuses clartés de la réflexion qui le détruit en l'analysant. Doué de la triste faculté de voir avec une même lucidité les obstacles et les succès ; suivant ma croyance du moment, je suis heureux ou malheureux. Ainsi, lorsque je vous rencontrai, j'eus le pressentiment d'une nature angélique; je respirai l'air favorable à ma brûlante poitrine; puis j'entendis en moi cette voix qui ne trompe jamais, et qui m'avertissait d'une vie heureuse. Mais apercevant aussi toutes les barrières qui nous séparaient, je devinai pour la première fois les préjugés du monde, je les compris alors dans toute l'étendue de leur petitesse, et les obstacles m'effrayèrent encore plus que la vue du bonheur ne m'exaltait. Aussitôt, je ressentis cette réaction terrible par laquelle mon ame expansive est refoulée sur elle-même. Le sourire que vous aviez fait naître sur mes lèvres se changea tout-à-coup en contraction amère, et je tâchai de rester froid, pendant que mon sang bouillonnait, agité par mille sentimens contraires. Enfin, je reconnus cette sensation mordante à laquelle vingt-trois années pleines de soupirs réprimés et d'expansions trahies ne m'ont pas encore habitué. Eh bien, Pauline, le regard par lequel vous m'avez annoncé le bonheur a tout-à-coup réchauffé ma vie et changé mes misères en félicités. Je voudrais maintenant avoir souffert davantage. Mon amour s'est trouvé grand tout-à-coup. Mon âme était un vaste pays auquel manquaient les bienfaits du soleil, et votre regard y a jeté soudain la lumière. Chère providence! vous serez tout pour moi, pauvre orphelin qui n'ai d'autre parent que mon oncle. Vous serez toute ma famille, comme vous êtes déjà ma seule richesse, et le monde entier pour moi. Ne m'avez-vous pas jeté toutes les fortunes de l'homme par ce chaste, par ce prodigue, par ce timide regard? Oui, vous m'avez donné une confiance, une audace incroyables; je puis tout tenter maintenant. J'étais revenu à Blois, découragé. Cinq ans d'études au milieu de Paris m'avaient montré le monde comme une prison. Je concevais des sciences entières et n'osais en parler. La gloire me semblait un charlatanisme auquel une ame vraiment grande ne devait pas se prêter. Mes idées ne pouvaient donc passer que sous la protection d'un homme assez hardi pour monter sur les tréteaux, et parler d'une voix haute aux niais qu'il méprise. Cette intrépidité me manquait. J'allais, brisé par les arrêts de cette foule, désespérant d'en être jamais écouté. J'étais et trop bas et trop haut! Je dévorais mes pensées comme d'autres dévorent leurs humiliations. J'en étais arrivé à mépriser la science, parce que je lui reprochais de ne rien ajouter au bonheur réel. Mais depuis hier, en moi tout est changé. Pour vous je convoite les palmes de la gloire et tous les triomphes du talent! Je veux, en apportant ma tête sur vos genoux, y faire reposer tous les regards du monde, comme je veux mettre dans mon

amour toutes les idées, tous les pouvoirs !
La plus immense des renommées est un bien
que nulle puissance ne saurait créer. Eh
bien ! je puis, si je le veux, vous faire un
lit de lauriers. Mais si les paisibles ovations
de la science ne vous satisfaisaient pas, je
porte en moi le Glaive et la Parole, je saurai
courir dans la carrière des honneurs et
de l'ambition comme d'autres s'y traînent !
Parlez, Pauline, je serai tout ce que vous
voudrez que je sois. Ma volonté de fer peut
tout. Je suis aimé ! Armé de cette pensée,
un homme ne doit-il pas faire tout plier devant lui. Tout est possible à celui qui veut
tout. Soyez le prix du succès, et demain
j'entre en lice. Pour obtenir un regard
comme celui que vous m'avez jeté, je franchirais le plus profond des précipices. Vous
m'avez expliqué les fabuleuses entreprises de
la chevalerie, et les plus capricieux récits
des Mille et une Nuits. Maintenant je crois

aux plus fantasques exagérations de l'amour, et à la réussite de tout ce qu'entreprennent les prisonniers pour conquérir la liberté. Vous avez réveillé mille vertus endormies dans mon être : la patience, la résignation, toutes les forces du cœur, toutes les puissances de l'âme. Je vis par vous, et, pensée délicieuse, pour vous. Maintenant tout a un sens, pour moi, dans cette vie. Je comprends même les vanités de la richesse, je me surprends à verser toutes les perles de l'Inde à vos pieds ; je me plais à vous voir couchée, ou parmi les plus belles fleurs, ou sur le plus moelleux des tissus, et toutes les splendeurs de la terre me semblent à peine dignes de vous, en faveur de qui je voudrais pouvoir disposer des accords et des lumières que prodiguent les harpes et les étoiles dans les cieux. Pauvre studieux poète ! ma parole vous offre des trésors que je n'ai pas, tandis que je ne puis vous donner que mon cœur,

où vous règnerez toujours ; là , sont tous mes biens. Mais n'existe-t-il donc pas des trésors dans une éternelle reconnaissance, dans un sourire dont le bonheur variera les expressions, dans l'attention constante de mon amour à deviner les vœux de votre âme aimante? Un regard céleste ne nous a-t-il pas dit que nous pourrions toujours nous entendre. J'ai donc maintenant une prière à faire tous les soirs à Dieu, prière pleine de vous :
« Faites que ma Pauline soit heureuse ! »
Mais ne remplirez-vous donc pas mes jours, comme déjà vous remplissez mon cœur ! Adieu, vous que je confie à Dieu !

« Pauline? dis-moi si j ai pu te déplaire en quelque chose, hier? Abjure cette fierté de cœur qui fait endurer secrètement les peines causées par un être aimé. Gronde-moi? Depuis hier je ne sais quelle crainte vague de t'avoir offensée répand de la tristesse sur cette vie du cœur que tu m'as faite et si douce et si riche. Souvent, le plus léger voile qui s'interpose entre deux ames devient un mur d'airain. Il n'est pas de légers crimes en amour! Si vous avez tout le génie de ce beau sentiment, vous devez en ressentir toutes les souffrances, et nous devons veiller sans cesse à ne pas vous froisser par quelque parole étourdie. Aussi, mon cher trésor, sans doute la faute vient-elle de moi, s'il y a faute. Je n'ai pas l'orgueil de comprendre un cœur de

femme dans toute l'étendue de sa tendresse,
dans toutes les grâces de ses dévouemens;
seulement, je tâcherai de toujours deviner
le prix de ce que tu voudras me révéler dans
les secrets du tien. Parle-moi, réponds-moi
promptement? La mélancolie dans laquelle
nous jettent les sentimens d'un tort est bien
affreuse; elle enveloppe la vie et fait douter
de tout. Je suis resté pendant cette matinée
assis sur le bord du chemin creux, voyant
les tourelles de Villenoix, et n'osant aller
jusqu'à notre haie. Si tu savais tout ce que
j'ai vu dans mon ame! quels tristes fantômes
ont passé devant moi, sous ce ciel gris dont
le froid aspect augmentait encore mes sombres dispositions. J'ai eu de sinistres pressentimens. J'ai eu peur de ne pas te rendre
heureuse. Il faut tout te dire, ma chère Pauline. Il se rencontre des momens où l'esprit
qui m'anime semble se retirer de moi. Je
suis comme abandonné par ma force. Alors,

tout me pèse, chaque fibre de mon corps devient inerte, chaque sens se détend, mon regard s'amollit, ma langue est glacée, l'imagination s'éteint, les désirs meurent, et ma forme humaine subsiste seule. Alors, tu serais là dans toute la gloire de ta beauté, tu me prodiguerais tes plus curieux sourires et tes plus tendres paroles, il s'élèverait une puissance mauvaise qui m'aveuglerait, et me traduirait en sons discords la plus ravissante des mélodies. Alors, du moins je le crois, se dresse devant moi je ne sais quel génie raisonneur qui me fait voir le néant au fond des plus certaines richesses. Ce démon impitoyable fauche toutes les fleurs, ricane des sentimens les plus doux, en me disant : « Eh bien ! après ? » Il flétrit la plus belle œuvre en m'en montrant le principe, et me dévoile le mécanisme des choses en m'en cachant les résultats harmonieux. En ces momens terribles où le mauvais ange s'empare de mon être, où la lumière divine s'obscurcit en mon ame sans que j'en sache la cause, je reste triste et je souffre; je voudrais être sourd et muet; je souhaite la mort en y voyant un repos. Ces heures de doute et d'inquiétude sont peut-être nécessaires; elles m'apprennent du moins à ne pas avoir d'orgueil, après les élans qui m'ont porté dans les cieux où je moissonne les idées à pleines mains; car c'est toujours après avoir long-temps parcouru les vastes campagnes de l'intelligence, après des méditations lumineuses que, lassé, fatigué, je roule en ces limbes. En ce moment, mon ange, une femme devrait douter de ma tendresse, elle le pourrait du moins. Souvent, elle capricieuse, maladive ou triste, réclamera les caressans trésors d'une tendresse ingénieuse, et je n'aurai pas un regard pour la consoler! J'ai la honte, Pauline, de t'avouer qu'alors je pourrais pleurer avec toi; mais que rien ne m'arracherait un sourire. Et cependant, une femme trouve dans son amour la force de taire ses douleurs ! Pour son enfant, comme pour celui qu'elle aime, elle sait rire en souffrant. Pour toi, Pauline, ne pourrai-je donc imiter la femme dans ses sublimes délicatesses ? Depuis hier je doute de moi-même. Si j'ai pu te déplaire une fois, si je ne t'ai pas comprise, je tremble d'être emporté souvent ainsi par mon fatal démon hors de notre bonne sphère. Si j'avais beaucoup de ces momens affreux, si mon amour sans bornes ne savait pas racheter les heures mauvaises de ma vie, si j'étais destiné à demeurer tel que je suis! Fatales questions ! La puissance est un bien fatal présent, si toutefois ce que je sens en moi est la puissance. Pauline, éloigne-toi de moi, abandonne-moi ! je préfère souffrir tous les maux de la vie à la douleur de te savoir malheureuse par moi. Mais peut-être le démon n'a-t-il pris autant d'empire sur mon ame que parce qu'il ne s'est point encore trouvé près de moi de mains douces et blanches pour le chasser. Jamais une femme ne m'a versé le baume de ses consolations, et j'ignore si, lorsqu'en ces momens de lassitude, l'amour agitera ses ailes au-dessus de ma tête, il ne répandra pas dans mon cœur de nouvelles forces. Peut-être, ces cruelles mélancolies sont-elles un fruit de ma solitude, une des souffrances de l'ame abandonnée qui gémit et paie ses trésors inconnus par des douleurs inconnues. Aux légers plaisirs, les légères souffrances; aux immenses bonheurs, des maux inouïs. Quel arrêt! S'il était vrai, ne devons-nous pas frissonner pour nous, qui sommes surhumainement heureux. Si la nature nous vend les choses selon leur valeur, dans quel abîme allons-nous donc tomber? Ah! les amans les plus richement partagés sont ceux qui meurent ensemble au milieu

des trésors de leur jeunesse et de leur amour !
Quelle tristesse ! Mon âme pressent-elle un
méchant avenir ? Je m'examine, et me demande s'il se trouve quelque chose en moi
qui doive t'apporter le plus léger souci ? Je
t'aime peut-être en égoïste ? Je mettrai
peut-être sur ta chère tête un fardeau
plus pesant que ma tendresse ne sera douce
à ton cœur. S'il existe en moi quelque puissance inexorable à laquelle j'obéis, si je dois
maudire quand tu joindras les mains pour
prier, si quelque triste pensée me domine
lorsque je voudrai me mettre à tes pieds pour
jouer avec toi comme un enfant, ne seras-tu
pas jalouse de cet exigeant et fantasque génie ? Comprends-tu bien, cœur à moi, que
j'ai peur de n'être pas tout à toi, que j'abdiquerais volontiers tous les sceptres, toutes
les palmes du monde pour faire de toi mon
éternelle pensée ; pour voir, dans notre délicieux amour, une belle vie et un beau

poème; pour y jeter mon ame, y engloutir mes forces, et demander à chaque heure les joies qu'elle nous doit. Mais voilà que reviennent en foule mes souvenirs d'amour, les nuages de ma tristesse vont se dissiper. Adieu. Je te quitte pour être mieux à toi. Mon ame chérie, j'attends un mot, une parole qui me rende la paix du cœur. Que je sache si j'ai contristé ma Pauline, ou si quelque douteuse expression de ton visage m'a trompé? Je ne voudrais pas avoir à me reprocher, même après toute une vie heureuse, d'être venu vers toi sans un sourire plein d'amour, sans une parole de miel. Affliger la femme que l'on aime! pour moi, Pauline, c'est un crime. Dis-moi la vérité, ne me fais pas quelque généreux mensonge, mais désarme ton pardon de toute cruauté.

FRAGMENT.

Un attachement si complet est-il un bonheur? Oui, car des années de souffrance ne paieraient pas une heure d'amour. Hier, ton apparente tristesse a passé dans mon âme avec la rapidité d'une ombre qui se projette. Étais-tu triste ou souffrais-tu? J'ai souffert. D'où venait ce chagrin? Écris-moi vite. Pourquoi ne l'ai-je pas deviné? Nous ne sommes donc pas encore complètement unis par la pensée? Je devrais, à deux lieues de toi comme à mille, ressentir tes peines et tes douleurs. Je ne croirai pas t'aimer tant que ma vie ne sera pas assez intimement liée à la tienne pour que nous ayons la même vie, le même cœur, la même idée. Je dois être où tu es, voir ce que tu vois, ressentir ce que tu ressens, et te suivre par la pensée. N'ai-je pas déjà su, le premier, que ta voiture avait versé, que tu étais meurtrie? Mais aussi ce jour-là, ne t'avais-je pas quittée, je te voyais. Quand mon oncle m'a demandé pourquoi je pâlissais, je lui ai dit : « Mademoiselle de Villenoix vient de tomber! » Pourquoi donc n'ai-je pas lu dans ton ame, hier? Voulais-tu me cacher la cause de ce chagrin? Cependant j'ai cru deviner que tu avais fait en ma faveur quelques efforts malheureux auprès du redoutable M. Salomon qui me glace. Cet homme n'est pas de notre ciel. Pourquoi veux-tu que notre bonheur, qui ne ressemble en rien à celui des autres, se conforme aux lois du monde. Mais j'aime trop tes mille pudeurs, ta religion, tes superstitions, pour ne pas obéir à tes moindres caprices. Ce que tu fais doit être bien; rien n'est plus pur que ta pensée, comme rien n'est plus beau que ton visage où se réfléchit ton ame divine. J'attendrai ta lettre avant d'aller par les chemins chercher le doux moment que tu m'accordes. Ah! si tu savais combien l'aspect des tourelles me fait palpiter, quand enfin je les vois bordées de lueur par la lune, notre amie, notre seule confidente.

IV.

Adieu la gloire, adieu l'avenir, adieu la vie que je rêvais! Maintenant, ma tout aimée, ma gloire est d'être à toi, digne de toi ; mon avenir est tout entier dans l'espérance de te voir; et, ma vie ? n'est-ce pas de rester à tes pieds, de me coucher sous tes regards, de respirer en plein dans les cieux que tu m'as créés ? Toutes mes forces, toutes mes pensées doivent t'appartenir, à toi qui m'as dit ces enivrantes paroles : « Je veux tes peines! » Ne serait-ce pas dérober des joies à l'amour, des momens au bonheur, des sentimens à ton ame divine, que de donner des heures à l'étude, des idées au monde, des poésies aux poètes? Non, non, chère vie à moi, je veux tout te réserver, je veux t'apporter toutes les fleurs de mon ame. Existe-t-il rien d'assez beau, d'assez splendide dans les trésors de la terre et de l'intelligence pour fêter un cœur aussi riche, un cœur aussi pur que le tien, et auquel j'ose allier le mien, parfois? Oui, parfois j'ai l'orgueil de croire que je sais aimer autant que tu aimes! Mais non, tu es un *ange-femme*; il se rencontrera toujours plus de charme dans l'expression de tes sentimens, plus de parfum dans ton souffle, plus d'harmonie dans ta voix, plus de grâce dans tes sourires, plus de pureté dans tes regards que dans les miens! Oui, laisse-moi penser que tu es une création d'une sphère plus élevée que ne l'est la mienne; tu auras l'orgueil d'en être descendue, et moi celui de t'avoir méritée. Et tu ne seras peut-être pas déchue en venant à moi, pauvre et malheureux! Oui, si le plus bel asile d'une femme est un cœur tout à elle, tu seras toujours souveraine dans le mien. Aucune pensée, aucune action ne ternira jamais ce cœur, riche sanctuaire, tant que tu voudras y résider; mais n'y demeureras-tu pas sans cesse? Ne m'as-tu pas dit ce mot délicieux : *Maintenant et toujours!* Et nunc et semper! J'ai gravé sous ton portrait ces paroles du Rituel, dignes de toi, comme elles sont dignes de Dieu. Il est *et maintenant et toujours*, comme sera mon amour! Non, non, je n'épuiserai jamais ce qui est immense, infini, sans bornes; tel est le sentiment que je sens en moi pour toi. J'en ai deviné l'incommensurable étendue, comme nous devinons l'espace, par la mesure d'une de ses parties! Ainsi, j'ai eu des jouissances ineffables, des heures entières pleines de méditations chatouilleuses en me rappelant un seul de tes gestes, ou l'accent d'une phrase. Il naîtra donc des souvenirs sous le poids desquels je succomberai, si déjà la souvenance d'une heure douce et familière me fait pleurer de joie, attendrit, pénètre mon ame, et devient une intarissable source de bonheur. Aimer, est la vie de l'ange! Il me semble que je n'épuiserai jamais le plaisir que j'éprouve à te voir. Ce plaisir, le plus modeste de tous, mais auquel le temps manque toujours, m'a fait connaître les éternelles contemplations dans lesquelles restent les Séraphins et les Esprits devant Dieu : rien n'est plus naturel, s'il émane de son essence une lumière aussi fertile en sentimens nouveaux que l'est celle de tes yeux, de ton front imposant, de ta belle physionomie, céleste image de ton ame; l'ame, cet autre nous-mêmes dont la forme pure, ne périssant jamais, rend alors notre amour immortel. Je voudrais qu'il existât un langage autre que celui dont je me sers, pour t'exprimer les renaissantes délices de mon amour; mais s'il en est un que nous avons créé, si nos regards sont de vivantes paroles, ne faut-il pas nous voir pour entendre par les yeux ces interrogations et ces réponses du cœur si vives, si pénétrantes que tu m'as dites un soir:— « Taisez-vous ! » quand je ne parlais pas. T'en souviens-tu, ma chère vie ? De loin, quand je suis dans les ténèbres de l'absence, ne suis-je pas forcé d'employer des mots humains trop faibles pour rendre des sensations divines ? les mots accusent au moins les sillons qu'elles tracent dans mon ame, comme le mot Dieu résume imparfaitement les idées que nous avons de ce mystérieux principe. Encore, malgré la science l'infini du langage, n'ai-je jamais rien trouvé dans de ses expressions qui pût te peindre la délicieuse étreinte par laquelle ma vie se fond dans la tienne quand je pense à toi. Puis, par quel mot finir, lorsque je cesse de t'écrire sans pour cela te quitter? Que signifie adieu, à moins de mourir? Mais la mort serait-elle un adieu? Alors mon ame ne se réunirait-elle pas plus intimement à la tienne? O mon éternelle pensée! naguère, je t'offris à genoux mon cœur et ma vie; maintenant, quelles nouvelles fleurs de sentiment trouverai-je donc en mon ame, que je ne t'aie données? Ne serait-ce pas t'envoyer une parcelle du bien que tu possèdes? N'es-tu pas mon avenir? Combien je regrette le passé! Ces années qui ne nous appartiennent plus, je voudrais te les rendre toutes, et t'y faire régner comme tu règnes sur ma vie actuelle. Mais qu'est le temps de mon existence où je ne te connaissais pas? Ce serait le néant, si je n'avais pas été si malheureux.

FRAGMENT.

Ange aimé, quelle douce soirée que celle d'hier! Que de richesses dans ton cher cœur! ton amour est donc inépuisable, comme le mien! Chaque mot m'apportait de nouvelles joies, et chaque regard en étendait la profondeur. L'expression calme de ta physionomie donnait un horizon sans bornes à nos pensées! oui, tout était alors infini comme le ciel, et doux comme son azur. La délicatesse de tes traits adorés se reproduisait, je ne sais par quelle magie, dans tes gentils mouvemens, dans tes gestes menus. Je savais bien que tu étais tout grâce et tout amour, mais j'ignorais combien tu étais gracieuse. Tout s'accordait à me conseiller ces voluptueuses sollicitations, à me faire demander ces premières grâces qu'une femme refuse toujours, sans doute pour se les laisser ravir. Mais non, toi, chère ame de ma vie, tu ne sauras jamais d'avance ce que tu pourras accorder à mon amour, et tu te donneras sans le vouloir peut-être! tu es vraie, et n'obéis qu'à ton cœur. Comme la douceur de ta voix s'alliait aux tendres harmonies de l'air pur et des cieux tranquilles! Pas un cri d'oiseau, pas une brise; la solitude et nous! Les feuillages immobiles ne tremblaient même pas dans ces admirables couleurs du couchant qui sont tout à la fois ombre et lumière. Tu as senti ces poésies célestes, toi, qui unissais tant de sentimens divers, et reportais si souvent tes yeux vers le ciel pour ne pas me répondre! Toi, fière et rieuse, humble et despotique, te donnant tout entière en ame, en pensée, et te dérobant à la plus timide des caresses! Chères coquetteries du cœur! elles vibrent toujours dans mon oreille, elles s'y roulent et s'y jouent encore, ces délicieuses paroles à demi bégayées comme celles des enfans, et qui n'étaient ni des promesses, ni des aveux, mais qui laissaient à l'amour ses belles espérances, sans craintes et sans tourmens! Quel chaste souvenir dans la vie! Quel épanouissement de toutes les fleurs qui naissent au fond de l'ame, et qu'un rien peut flétrir, mais qu'alors tout animait et fécondait! Ce sera toujours ainsi, n'est-ce pas, mon aimée? En me rappelant, au matin, les vives et fraîches douceurs dont ce moment a été la source, je me sens dans l'ame un bonheur qui me fait concevoir le véritable amour comme un océan de sensations éternelles et toujours neuves, où l'on se plonge avec de croissantes délices. Chaque jour, chaque parole, chaque caresse, chaque regard doit y ajouter le tribut de sa joie écoulée. Oui, les cœurs assez grands pour ne rien oublier, doivent vivre, à chaque battement, de toutes leurs félicités passées, comme de toutes celles que promet l'avenir. Voilà ce que je rêvais autrefois, et ce n'est plus un rêve aujourd'hui. N'ai-je pas rencontré sur cette terre un ange qui m'en a fait connaître toutes les joies pour me récompenser peut-être d'en avoir supporté toutes les douleurs ! Ange du ciel, je te salue par un baiser.

Je t'envoie cette hymne échappée à mon cœur, je te la devais ; mais elle te peindra difficilement ma reconnaissance et ces prières matinales que mon cœur adresse chaque jour à celle qui m'a dit tout l'évangile du cœur dans ce mot divin : « Croyez ! »

V.

« Comment, cœur chéri, plus d'obstacles! Nous serons libres d'être l'un à l'autre, chaque jour, à chaque heure, chaque moment, toujours ? Nous pourrons rester, pendant toutes les journées de notre vie, heureux comme nous le sommes furtivement en de rares instans! Quoi! nos sentimens si purs, si profonds, prendront les formes délicieuses des mille caresses que j'ai rêvées! Ton petit pied se déchaussera pour moi! tu seras toute à moi! Ce bonheur me tue, il m'accable. Ma tête est trop faible, elle éclate sous la violence de mes pensées. Je pleure et je ris, j'extravague. Chaque plaisir est comme une flèche ardente, il me perce et me brûle! Mon imagination te fait passer devant mes yeux ravis, éblouis, sous les innombrables et capricieuses figures qu'affecte la volupté. Enfin, toute notre vie est là, devant moi, avec ses torrens, ses repos, ses joies; elle bouillonne, elle s'étale, elle dort; puis elle se réveille jeune, fraîche. Je nous vois tous deux unis, marchant du même pas, vivant de la même pensée; toujours au cœur l'un de l'autre, nous comprenant, nous entendant comme l'écho reçoit et redit les sons à travers les espaces! Peut-on vivre long-temps en dévorant ainsi sa vie à toute heure? Ne mourrons-nous pas dans le premier embrassement? Et que sera-ce donc, si déjà nos ames se confondaient dans ce doux baiser du soir, qui nous enlevait nos forces ; ce baiser sans durée, dénouement de tous mes désirs, interprète impuissant de tant de prières échappées à mon ame pendant nos heures de séparation, et cachées au fond de mon cœur comme des remords. Moi, qui revenais me coucher dans la haie pour entendre le bruit de tes pas quand tu retournais au château, je vais donc pouvoir t'admirer à mon aise, agissant, riant, jouant, causant, allant. Joies sans fin ! Tu ne sais pas tout ce que je sens de jouissances à te voir marcher, aller et venir ! Il faut être homme pour éprouver ces sensations profondes. Chacun de tes mouvemens me donne plus de plaisir que n'en peut prendre une mère à voir son enfant joyeux ou endormi. Je t'aime de tous les amours ensemble. La grâce de ton moindre geste est toujours nouvelle pour moi. Il me semble que je passerais les nuits à respirer ton souffle; je voudrais me glisser dans tous les actes de ta vie, être la substance même de tes pensées; je voudrais être toi-même. Enfin, je ne te quitterai donc plus ! Aucun sentiment humain ne troublera plus notre amour, infini dans ses transformations et pur comme tout ce qui est un; notre amour vaste comme la mer, vaste comme le ciel ! Tu es à moi! toute à moi! Je pourrai donc regarder au fond de tes yeux pour y deviner la chère ame qui s'y cache et s'y révèle tour à tour, pour y épier tes désirs! Ma bien-aimée, écoute certaines choses que je n'osais te dire encore, mais que je puis t'avouer aujourd'hui. Je sentais en moi je ne sais quelle pudeur d'ame qui s'opposait à l'entière expression de mes sentimens, et je tâchais de les revêtir des formes de la pensée. Mais maintenant je voudrais mettre mon cœur à nu, te dire toute l'ardeur de mes rêves, te dévoiler la chaude ambition de mes sens irrités par la solitude où j'ai vécu, toujours enflammés par l'attente du bonheur, et réveillés par toi, par toi si douce de formes, si attrayante en tes manières! Mais est-il possible d'exprimer combien je suis altéré de ces félicités inconnues que donne la possession d'une femme aimée, et auxquelles deux ames étroitement unies par l'amour doivent prêter une force de cohésion effrénée. Sache-le, ma Pauline, je suis resté pendant des heures entières dans une stupeur causée par la violence de mes souhaits passionnés, restant perdu dans le sentiment d'une caresse comme dans un gouffre sans fond. En ces momens, ma vie entière, mes pensées, mes forces, se fondent, s'unissent dans ce que je nomme un désir, faute de mots pour exprimer un délire sans nom! Et maintenant, je puis t'avouer que le jour où j'ai refusé la main que tu me tendais par un si joli mouvement, triste sagesse qui t'a fait douter de mon amour, j'étais dans un de ces momens de folie où l'on médite un meurtre pour posséder une femme. Oui, si j'avais senti la délicieuse pression que tu m'offrais, aussi vivement que ta voix retentissait dans mon cœur, je ne sais où m'aurait conduit la violence de mes désirs. Mais je puis me taire et souffrir beaucoup! Pourquoi parler de ces douleurs quand mes contemplations vont devenir des réalités? Il me sera donc maintenant permis de faire de toute notre vie une seule caresse! Chérie aimée, il se rencontre tel effet de lumière sur tes cheveux noirs qui me ferait rester, les larmes dans les yeux, pendant de longues heures occupé à voir ta chère personne, si tu ne me disais pas en te retournant : « Finis, tu me rends honteuse ! » Demain, notre amour se saura donc! Ah! Pauline, ces regards des autres à supporter, cette curiosité publique me serre le cœur. Allons à Villenoix, restons-y loin de tout. Je voudrais qu'aucune créature ayant face humaine n'entrât dans le sanctuaire où tu seras à moi; je voudrais même qu'après nous il n'existât plus, qu'il fût détruit. Oui, je voudrais dérober à la nature entière un bonheur que nous sommes seuls à comprendre, seuls à sentir, et qui est tellement immense que je m'y jette pour y mourir : c'est un abîme. Ne t'effraie pas des larmes dont cette lettre est pleine, ce sont des larmes de joie. Mon seul bonheur, nous ne nous quitterons donc plus. »

En 1823, j'allais de Paris en Touraine par la diligence. A Mer, le conducteur prit un voyageur pour Blois. En le faisant entrer dans la partie de la voiture où je me trouvais, il lui dit en plaisantant : — Vous ne serez pas gêné là, monsieur Lefebvre ! En effet, j'étais seul. A ce nom, en voyant un vieillard à cheveux blancs qui paraissait au moins octogénaire, je pensai tout naturellement à l'oncle de Lambert. Après quelques questions insidieuses, j'appris que je ne me trompais pas. Le bonhomme venait de faire ses vendanges à Mer, et retournait à Blois. Aussitôt je lui demandai des nouvelles de mon ancien *faisant*. Au premier mot, la physionomie du vieil oratorien, déjà grave et sévère comme celle d'un soldat qui aurait beaucoup souffert, devint triste et brune; les rides de son front se contractèrent légèrement; il serra ses lèvres, me jeta un regard équivoque, et me dit : — Vous ne l'avez pas revu depuis le collége?

— Non, ma foi, répondis-je. Mais nous sommes aussi coupables l'un que l'autre, s'il y a oubli. Vous le savez, les jeunes gens mènent une vie si aventureuse et si passionnée en quittant les bancs de l'école, qu'il faut se retrouver pour savoir combien l'on s'aime encore. Cependant, parfois, un souvenir de jeunesse arrive, et il est impossible de s'oublier tout-à-fait, surtout lorsqu'on a été aussi amis que nous l'étions Lambert et moi. On nous avait appelés *le Poète-et-Pythagore!*

Je lui dis mon nom, mais en l'entendant,

la figure du bonhomme se rembrunit encore.

— Vous ne connaissez donc pas son histoire! reprit-il. Mon pauvre neveu devait épouser la plus riche héritière de Blois, mais la veille de son mariage, il est devenu fou.

— Lambert, fou! m'écriai-je frappé de stupeur. Et par quel évènement? C'était la plus riche mémoire, la tête la plus fortement organisée, le jugement le plus sagace que j'aie rencontrés! Beau génie, un peu trop passionné peut-être pour la mysticité; mais le meilleur cœur du monde! Il lui est donc arrivé quelque chose de bien extraordinaire?

— Je vois que vous l'avez bien connu! me dit le bonhomme.

Alors, depuis Mer jusqu'à Blois, nous parlâmes de mon pauvre camarade, en faisant de longues digressions par lesquelles je m'instruisis des particularités que j'ai déjà rapportées pour présenter les faits dans un ordre qui les rendît intéressans. J'appris à son oncle le secret de nos études, la nature des occupations de son neveu; puis le vieillard me raconta les évènemens survenus dans la vie de Lambert depuis que je l'avais quitté. A entendre M. Lefebvre, Lambert aurait donné quelques marques de folie avant son mariage; mais ces symptômes lui étant communs avec tous ceux qui aiment passionnément, ils me parurent moins caractéristiques lorsque je connus et la violence de son amour et mademoiselle de Villenoix. En province, où les idées se raréfient, un homme plein de pensées neuves et dominé par un système comme l'était Louis, pouvait passer au moins pour un original. Son langage devait surprendre d'autant plus qu'il parlait plus rarement. Il disait : *Cet homme n'est pas de mon ciel*, là où les autres disaient : *Nous ne mangerons pas un minot de sel ensemble.* Chaque homme de talent a ses idiotismes particuliers. Plus large est le génie, plus tranchées sont les bizarreries qui constituent les divers degrés d'*originalité*. En province, un original passe pour un homme à moitié fou. Les premières paroles de M. Lefebvre me firent donc douter de la folie de mon camarade. Tout en écoutant le vieillard, je critiquais intérieurement son récit. Le fait le plus grave était survenu quelques jours avant le mariage des deux amans. Louis avait eu quelques accès de catalepsie bien caractérisés. Il était resté pendant cinquante-neuf heures immobile, les yeux fixes, sans manger ni parler, état purement nerveux dans lequel tombent quelques personnes en proie à de violentes passions; phénomène rare, mais dont les médecins connaissent parfaitement les effets. S'il y avait quelque chose d'extraordinaire, c'est que Louis n'eût pas eu déjà plusieurs accès de cette maladie à laquelle le prédisposaient son habitude de l'extase et la nature de ses idées. Mais sa constitution extérieure et intérieure était si parfaite qu'elle avait sans doute résisté jusques alors à l'abus de ses forces. L'exaltation à laquelle dut le faire arriver l'attente du plus grand plaisir physique, encore agrandi chez lui par la chasteté du corps et par la puissance de l'ame, avait bien pu déterminer cette crise dont il est si difficile de juger les résultats. Les lettres que le hasard a conservées accusent d'ailleurs assez bien sa transition de l'idéalisme pur dans lequel il vivait, au sensualisme le plus aigu.

Jadis, nous avions qualifié d'admirable ce phénomène humain dans lequel Lambert voyait la séparation fortuite de nos deux natures, et les symptômes d'une absence complète de l'être intérieur usant de ses facultés inconnues sous l'empire d'une cause inobservée. Cette maladie, abîme tout aussi profond que le sommeil, se rattachait au système de preuves que Lambert avait données dans son *Traité de la Volonté*. Au moment où M. Lefebre me parla du premier accès de Louis, je me souvins tout-à-coup d'une conversation que nous eûmes à ce sujet, après la lecture d'un livre de médecine.

— Une méditation profonde, une belle extase sont peut-être, dit-il en terminant, des catalepsies incomplètes.

Le jour où il formula si brièvement cette pensée, il avait tâché de lier les phénomènes moraux entre eux par une chaîne d'effets, en suivant pas à pas tous les actes de l'intelligence, commençant par les simples mouvemens de l'instinct purement animal qui suffit à tant d'êtres, surtout à certains hommes dont les forces passent toutes dans un travail purement mécanique; puis, allant à l'agrégation des pensées, arrivant à la comparaison, à la réflexion, à la méditation, enfin à l'extase et à la catalepsie. Certes, Lambert crut avec la naïve conscience du jeune âge avoir fait le plan d'un beau livre en échelonnant ainsi ces divers degrés des puissances intérieures de l'homme. Je me rappelle que, par une de ces fatalités qui font croire à la prédestination, nous attrapâmes le grand Martyrologe où sont contenus les faits les plus curieux sur l'abolition complète de la vie corporelle à laquelle l'homme peut arriver dans les paroxismes de ses facultés intérieures. En réfléchissant aux effets du fanatisme, Lambert fut alors conduit à penser que les collections d'idées auxquelles nous donnons le nom de sentimens, pouvaient bien être le jet matériel de quelque fluide que produisent les hommes plus ou moins abondamment, suivant la manière dont leurs organes en absorbent les substances génératrices dans les milieux où ils vivent. Nous nous passionnâmes pour la catalepsie, et, avec l'ardeur que les enfans mettent dans leurs entreprises, nous essayâmes de supporter la douleur *en pensant à autre chose.* Nous nous fatiguâmes beaucoup à faire quelques expériences assez analogues à celles dues aux convulsionnaires dans le siècle dernier, fanatisme religieux qui servira quelque jour à la science humaine. Je montais sur l'estomac de Lambert, et m'y tenais plusieurs minutes sans lui causer la plus légère douleur; mais, malgré ces folles tentatives, nous n'eûmes aucun accès de catalepsie. Cette digression m'a paru nécessaire pour expliquer mes premiers doutes que M. Lefebvre dissipa complètement.

— Lorsque son accès fut passé, me dit-il, mon neveu tomba dans une terreur profonde, dans une mélancolie dont rien ne put le sortir. Il se crut impuissant. Je me mis à le surveiller avec l'attention d'une mère pour son enfant, et le surpris heureusement au moment où il allait pratiquer sur lui-même l'opération à laquelle Origène crut devoir son talent. Alors je l'emmenai promptement à Paris pour le confier aux soins de M. Esquirol. Pendant le voyage, Louis resta plongé dans une somnolence presque continuelle, et ne me reconnut plus. A Paris, les médecins le regardèrent comme incurable, et conseillèrent unanimement de le laisser dans la plus profonde solitude, en évitant de troubler le silence nécessaire à sa guérison improbable, et de le mettre dans une salle fraîche où le jour serait constamment adouci. — Mademoiselle de Villenoix, à qui j'avais caché l'état de Louis, reprit-il en clignant les yeux, mais dont le mariage passait pour être rompu, vint à Paris, et apprit la décision des médecins. Aussitôt elle désira voir mon neveu qui la reconnut à peine; puis, elle voulut, d'après la coutume des belles ames, se consacrer à lui donner les soins nécessaires à sa guérison. Elle y aurait été obligée, disait-elle, s'il eût été son mari; devait-elle faire moins pour son amant? Aussi a-t-elle emmené Louis à Villenoix où ils demeurent depuis deux ans.

Au lieu de continuer mon voyage, je m'arrêtai donc à Blois dans le dessein d'aller voir Louis. Le bonhomme Lefebvre ne me permit pas de descendre ailleurs que dans sa maison, où il me montra la chambre de son neveu, les livres et tous les objets qui lui avaient appartenu. A chaque chose, il échappait au vieillard une exclamation douloureuse par laquelle il accusait les espérances que le génie précoce de Lambert lui avait fait concevoir, et le deuil affreux où le plongeait cette perte irréparable.

— Ce jeune homme savait tout, mon cher monsieur! dit-il en posant sur une table le volume où sont contenus les œuvres de Spinosa. Comment une tête aussi bien organisée a-t-elle pu se détraquer?

— Mais, monsieur, lui répondis-je, ne serait-ce pas un effet de sa vigoureuse organisation? S'il est réellement en proie à cette crise encore inobservée dans tous ses modes et que nous appelons *folie*, je suis tenté d'en attribuer la cause à sa passion. Ses études, son genre de vie avaient porté ses forces et ses facultés à un degré de puissance au-delà duquel la plus légère surexcitation devait faire céder la nature;

l'amour les aura donc brisées ou élevées à une nouvelle expression que peut-être calomnions-nous en la qualifiant sans la connaître.

— Mon cher monsieur, répliqua le vieillard après m'avoir attentivement écouté, votre raisonnement est sans doute fort logique ; mais je ne comprends pas comment Louis s'est affaibli par trop de force. Et quand je le comprendrais, ce triste savoir me consolerait-il de sa perte ?

L'oncle de Lambert était un de ces hommes qui ne vivent que par le cœur.

Le lendemain, je partis pour Villenoix. Le bonhomme m'accompagna jusqu'à la porte de Blois. Quand nous fûmes dans le chemin qui mène à Villenoix, il s'arrêta pour me dire : — Vous pensez bien que je n'y vais point. Mais, vous, n'oubliez pas ce que je vous ai dit. En présence de mademoiselle de Villenoix, n'ayez pas l'air de vous apercevoir que Louis est fou.

Puis, il resta sans bouger à la place où je venais de le quitter, et d'où il me regarda jusqu'à ce qu'il m'eût perdu de vue. Je ne cheminai pas sans de profondes émotions vers le château de Villenoix. Mes réflexions croissaient à chaque pas dans cette route que Louis avait tant de fois faite, le cœur plein d'espérance, l'ame exaltée par tous les aiguillons de l'amour. Les buissons, les arbres, les caprices de cette route tortueuse dont les bords étaient déchirés par de petits ravins, acquirent un intérêt prodigieux pour moi. J'y voulais retrouver les impressions et les pensées de mon pauvre camarade. Sans doute ces conversations du soir, au bord de cette brèche où sa maîtresse venait le retrouver, avaient initié mademoiselle de Villenoix aux secrets de cette âme et si noble et si vaste, comme je le fus moi-même quelques années auparavant. Mais le fait qui me préoccupait le plus, et donnait à mon pèlerinage un immense intérêt de curiosité parmi les sentimens presque religieux qui me guidaient, était cette magnifique croyance de mademoiselle de Villenoix dont le bonhomme m'avait parlé. Avait-elle, à la longue, contracté la folie de son amant, ou était-elle entrée si avant dans son ame, qu'elle en pût comprendre toutes les pensées, même les plus confuses? Je me perdais dans cet admirable problème de sentiment qui dépassait les plus belles inspirations de l'amour et ses dévouemens les plus beaux. Mourir l'un pour l'autre est un sacrifice presque vulgaire. Vivre fidèle à un seul amour est un héroïsme qui a rendu mademoiselle Dupuis immortelle. Lorsque Napoléon-le-Grand et lord Byron ont eu des successeurs là où ils avaient aimé, il est permis d'admirer cette veuve de Bolingbroke; mais mademoiselle Dupuis pouvait vivre par les souvenirs de plusieurs années de bonheur; tandis que mademoiselle de Villenoix n'ayant connu de l'amour que ses premières émotions, m'offrait le type du dévouement dans sa plus large expression. Devenue presque folle, elle était sublime; mais comprenant, expliquant la folie, elle ajoutait aux beautés d'un grand cœur, un chef-d'œuvre de physiologie digne d'être étudié. Lorsque j'aperçus les hautes tourelles du château, dont l'aspect avait dû faire si souvent tressaillir le pauvre Lambert, mon cœur palpita vivement. Je m'étais associé, pour ainsi dire, à sa vie et à sa situation en me rappelant tous les évènemens de notre jeunesse. Enfin, j'arrivai dans une grande cour déserte, et pénétrai jusque dans le vestibule du château sans avoir rencontré personne. Le bruit de mes pas fit venir une femme âgée, à laquelle je remis la lettre que M. Lefebvre avait écrite à mademoiselle de Villenoix. Bientôt la même femme revint me chercher, et m'introduisit dans une salle basse, dallée en marbre blanc et noir, dont les persiennes étaient fermées, et au fond de laquelle je vis indistinctement Louis Lambert.

— Asseyez-vous, monsieur, me dit une voix douce qui allait au cœur.

Mademoiselle de Villenoix se trouvait à côté de moi sans que je l'eusse aperçue, et m'avait apporté sans bruit une chaise que je ne pris pas d'abord. L'obscurité était si forte que, dans le premier moment, mademoiselle de Villenoix et Louis me firent l'effet de deux masses noires qui tranchaient sur le fond de cette atmosphère ténébreuse. Je m'assis, en proie à ce sentiment qui nous saisit presque malgré nous sous les sombres arcades d'une église. Mes yeux, encore frappés par l'éclat du soleil, ne s'accoutumèrent que graduellement à cette nuit factice.

— Monsieur, lui dit-elle, est ton ami de collége.

Lambert ne répondit pas. Enfin, je pus le voir, et il m'offrit un de ces spectacles qui se gravent à jamais dans la mémoire. Il se tenait debout, les deux coudes appuyés sur la saillie formée par la boiserie, en sorte que son buste paraissait fléchir sous le poids de sa tête inclinée sur sa poitrine. Ses cheveux, aussi longs que ceux d'une femme, tombaient sur ses épaules, et entouraient sa figure de manière à lui donner de la ressemblance avec les bustes qui représentent les grands hommes du siècle de Louis XIV. Son visage était d'une blancheur parfaite. Il frottait habituellement une de ses jambes sur l'autre par un mouvement machinal que rien n'avait pu réprimer, et le frottement continuel des deux os produisait un bruit affreux. Auprès de lui se trouvait un sommier de mousse posé sur une planche.

— Il lui arrive très rarement de se coucher, me dit mademoiselle de Villenoix, quoique chaque fois il dorme pendant plusieurs jours.

Louis se tenait debout comme je le voyais, jour et nuit, les yeux fixes, sans jamais baisser et relever les paupières comme nous en avons l'habitude. Après avoir demandé à mademoiselle de Villenoix si un peu plus de jour ne causerait aucune douleur à Lambert, sur sa réponse j'ouvris légèrement la persienne, et pus voir alors l'expression de la physionomie de mon ami. Hélas! déjà ridé, déjà blanchi, enfin déjà plus de lumière dans ses yeux, vitreux comme ceux d'un aveugle. Tous ses traits semblaient tirés par une convulsion vers le haut de sa tête. J'essayai de lui parler à plusieurs reprises; mais il ne m'entendit pas. C'était un débris arraché à la tombe une espèce de conquête faite par la vie sur la mort, ou par la mort sur la vie. J'étais là depuis une heure environ, plongé dans une indéfinissable rêverie, en proie à mille idées affligeantes. J'écoutais mademoiselle de Villenoix, qui me racontait, dans tous ses détails, cette vie d'enfant au berceau; tout-à-coup, Louis cessa de frotter ses jambes l'une contre l'autre, et dit d'une voix lente :

— *Les anges sont blancs.*

Je ne puis expliquer l'effet produit sur moi par cette parole, par le son de cette voix tant aimée, dont j'avais si péniblement attendu les accens. Malgré moi mes yeux se remplirent de larmes. Un pressentiment involontaire passa rapidement dans mon ame et me fit douter que Louis eût perdu la raison. J'étais cependant bien certain qu'il ne me voyait ni ne m'entendait; mais les harmonies de sa voix qui semblaient accuser un bonheur divin, communiquèrent à ces mots d'irrésistibles pouvoirs. Incomplète révélation d'un monde inconnu, sa phrase retentit dans nos ames comme quelque magnifique sonnerie d'église au milieu d'une nuit profonde. Je ne m'étonnai plus que mademoiselle de Villenoix crût Louis parfaitement sain d'entendement. Peut-être la vie de l'ame avait-elle anéanti la vie du corps. Peut-être sa compagne avait-elle, comme je l'eus alors, de vagues intuitions de cette nature mélodieuse et fleurie que nous nommons dans sa plus large expression : LE CIEL. Cette femme, cet ange restait toujours là, assise devant un métier à tapisserie, et chaque fois qu'elle tirait son aiguille elle regardait Lambert en exprimant un sentiment triste et doux. Hors d'état de supporter cet affreux spectacle, dont je ne savais pas, comme mademoiselle de Villenoix, deviner tous les secrets, je sortis, et nous allâmes nous promener ensemble pendant quelques momens pour parler d'elle et de Lambert.

— Sans doute, me dit-elle, Louis doit paraître fou; mais il ne l'est pas, si le nom de fou doit appartenir seulement à ceux dont par des causes inconnues, le cerveau se vicie, et qui n'offrent aucune raison de leurs actes. Tout est parfaitement coordonné chez mon mari. S'il ne vous a pas reconnu physiquement, ne croyez pas qu'il ne vous ait point vu. Il a réussi à se dégager de son corps, et nous aperçoit sous une autre forme, je ne sais laquelle. Quand il parle, il exprime des choses merveilleuses. Seulement, assez souvent, il achève par la parole une idée commencée dans son esprit, ou commence une proposition qu'il achève mentalement. Aux autres hommes, il paraîtrait aliéné; pour moi, qui vis dans sa pensée, toutes ses idées sont lucides. Je parcours le chemin fait par son esprit, et, quoique je n'en connaisse pas tous les détours, je sais me trouver néanmoins au but avec lui. A qui n'est-il pas, maintes fois, arrivé de penser à une chose futile et d'être entraîné vers une pensée grave par les idées ou par des souvenirs qui s'enroulent? Souvent après avoir parlé d'un objet frivole, innocent point de départ de quelque rapide méditation, un penseur oublie ou tait les liaisons abstraites qui l'ont conduit à sa conclusion, et reprend la parole en ne montrant que le dernier anneau de cette chaîne de réflexions. Les gens posés auxquels cette vélocité de vision mentale est inconnue, ignorent le travail intérieur de l'ame, se mettent à rire du rêveur, et le traitent de fou s'il est coutumier de ces sortes d'oublis. Louis est toujours ainsi. Sans cesse, il voltige à travers les espaces de la pensée, et s'y promène avec une alacrité d'hi-

rondelle. Je sais le suivre dans ses détours.
Voilà l'histoire de sa folie. Peut-être un
jour reviendra-t-il à cette vie dans laquelle
nous végétons; mais s'il respire l'air des
cieux avant le temps où il nous sera permis
d'y exister, pourquoi souhaiterions-nous de
le revoir parmi nous? Contente d'entendre
battre son cœur, tout mon bonheur est d'être
auprès de lui. N'est-il pas tout à moi? Depuis trois ans à deux reprises, je l'ai possédé
pendant quelques jours : en Suisse où je l'ai
conduit, et au fond de la Bretagne dans une
île où je l'ai mené prendre des bains de mer.
J'ai été deux fois bien heureuse! Je puis
vivre par mes souvenirs.

— Mais, lui dis-je, écrivez-vous les paroles qui lui échappent.

— Pourquoi? me répondit-elle.

Je gardai le silence, les sciences humaines étaient bien petites devant cette femme.

— Dans le temps où il se mit à parler, reprit-elle, je crois avoir recueilli ses premières phrases, mais j'ai cessé de le faire ; alors je n'y entendais rien.

Je les lui demandai par un regard, elle me comprit, et voici ce que je pus sauver de l'oubli :

Ici-bas, tout est le produit d'une SUBSTANCE ÉTHÉRÉE, *base commune de plusieurs phénomènes connus sous les noms impropres d'Électricité, Chaleur, Lumière, Fluide galvanique, magnétique, etc. L'universalité de ses transmutations constitue ce que l'on appelle vulgairement la Matière.*

Le Cerveau est le matras où L'ANIMAL *transporte ce que, suivant la force de l'appareil, chacune de ses organisations peut absor-*

ber de cette substance, et d'où elle sort transformée en Volonté, fluide qui est l'attribut de tout être doué de mouvement. De là, les innombrables formes qu'affecte l'animal, et qui sont les effets de sa combinaison avec la substance.

En l'homme, la Volonté devient une force qui lui est propre, et qui surpasse en intensité celle de toutes les espèces. Par sa constante alimentation, elle tient à la substance *qu'elle retrouve dans toutes les transmutations en les pénétrant par la Pensée, qui est un produit particulier de la volonté humaine, combinée avec les modifications de* la substance. *Du plus ou moins de perfection de l'appareil humain, viennent les innombrables formes qu'affecte la Pensée. La Volonté s'exerce par des organes vulgairement nommés les cinq sens qui n'en sont qu'un seul, la faculté de voir? Le tact comme le goût, l'ouïe comme* l'odorat, est une vue adaptée aux transformations de la SUBSTANCE que l'homme peut saisir dans ses deux états, transformée et non transformée. Toutes les choses qui tombent par la forme dans le domaine du sens unique, la faculté de voir, se réduisent à quelques corps élémentaires dont les principes sont dans l'air, dans la lumière ou dans les principes de l'air et de la lumière. Le son est une modification de l'air; toutes les couleurs sont des modifications de la lumière; tout parfum est une combinaison d'air et de lumière; ainsi les quatre expressions de la matière par rapport à l'homme, le son, la couleur, le parfum et la forme ont une même origine, car le jour n'est pas loin où l'on reconnaîtra la filiation des principes de la lumière dans ceux de l'air. Sa pensée qui tient à la lumière, s'exprime par la parole qui tient au son. Pour lui, tout provient donc de la SUBSTANCE dont les transformations ne dif-

fèrent que par le NOMBRE, un certain dosage dont les proportions produisent les individus ou les choses de ce que l'on nomme les règnes.

Quand la substance *est absorbée en un nombre suffisant, elle fait de l'homme un appareil d'une énorme puissance, qui communique avec le principe même de la* substance, *et agit sur la nature organisée à la manière des grands courans qui absorbent les petits. La volition met en œuvre cette force indépendante de la pensée, et qui, par sa concentration, obtient quelques unes des propriétés de la* substance, *comme la rapidité de la lumière, comme la pénétration de l'électricité, comme la faculté de saturer les corps, et auxquels il faut ajouter l'intelligence de ce qu'elle peut. Mais il est en l'homme un phénomène primitif et dominateur qui ne souffre aucune analyse. On décomposera l'homme en entier, l'on trouvera peut-être les élémens de la Pensée et de la Volonté; mais on rencontrera toujours, sans pouvoir le résoudre, cet X contre lequel je me suis autrefois heurté. Cet X est la* Parole *dont la communication brûle et dévore ceux qui ne sont pas préparés à la recevoir. Elle engendre incessamment la* substance.

La colère, comme toutes nos expressions passionnées, est un courant de la force humaine qui agit électriquement; sa commotion, quand il se dégage, agit sur les personnes présentes, même sans qu'elles en soient le but. Ne se rencontre-t-il pas des hommes qui, par une décharge de leur volition, cohabent les sentimens des masses? Le fanatisme et tous les sentimens collectifs sont des fleuves de Volonté qui réunissent tout.

Si l'espace existe, certaines facultés donnent le pouvoir de le franchir avec une telle vitesse que leurs effets équivalent à son abolition. De ton lit aux frontières du monde, il n'y a que deux pas : LA VOLONTÉ — LA FOI *!*

Les faits ne sont rien, ils n'existent pas, il ne subsiste de nous que des idées.

Le monde des idées se divise en trois sphères: celle de l'Instinct, celle des Abstractions, celle de la Spécialité.

La plus grande partie de l'Humanité visible, la partie la plus faible, habite la sphère de l'Instinctivité. Les Instinctifs naissent, travaillent et meurent sans s'élever au second degré de l'intelligence humaine, l'Abstraction.

A l'Abstraction commence la Société. Si l'Abstraction comparée à l'Instinct est une puissance presque divine, elle est une fai-

blesse inouïe, comparée au don de Spécialité qui peut seul expliquer Dieu. L'Abstraction comprend toute une nature en germe plus virtuellement que la graine ne contient le système d'une plante et ses produits. De l'abstraction naissent les lois, les arts, les intérêts, les idées sociales. Elle est la gloire et le fléau du monde : la gloire, elle a créé les sociétés ; le fléau, elle dispense l'homme d'entrer dans la Spécialité qui est un des chemins de l'infini. L'homme juge tout par ses abstractions, le bien, le mal, la vertu, le crime. Ses formules de droit sont ses balances, sa justice est aveugle : celle de Dieu voit, tout est là. Il se trouve nécessairement des êtres intermédiaires qui séparent le Règne des Instinctifs du Règne des Abstractifs, et chez lesquels l'Instinctivité se mêle à l'Abstractivité dans des proportions infinies. Les uns ont plus d'Instinctivité que d'Abstractivité, et vice versâ, que les au-

tres. Puis, il est des êtres chez lesquels les deux actions se neutralisent en agissant par des forces égales.

La Spécialité consiste à voir les choses du monde matériel aussi bien que celles du monde spirituel dans leurs ramifications originelles et conséquentielles. Les plus beaux génies humains sont ceux qui sont partis des ténèbres de l'Abstraction pour arriver aux lumières de la Spécialité. (Spécialité, species, vue, spéculer, voir tout, et d'un seul coup; Speculum, miroir ou moyen d'apprécier une chose en la voyant tout entière.) Jésus était Spécialiste, il voyait le fait dans ses racines et dans ses productions, dans le passé qui l'avait engendré, dans le présent où il se manifestait, dans l'avenir où il se développait; sa vue pénétrait l'entendement d'autrui. La perfection de la vue intérieure enfante le don de Spécialité. La Spécialité emporte l'intuition. L'intuition est une des facultés de l'homme intérieur *dont le Spécialisme est un attribut. Elle agit par une imperceptible sensation ignorée de celui qui lui obéit : Napoléon s'en allant instinctivement de sa place avant qu'un boulet n'y arrive. Entre la sphère du Spécialisme et celle de l'Abstractivité se trouvent, comme entre celle-ci et celle de l'Instinctivité, des êtres chez lesquels les divers attributs des deux règnes se confondent et produisent des mixtes. Le Spécialiste est nécessairement la plus parfaite expression de l'*homme, *l'anneau qui lie le monde visible aux mondes supérieurs; il agit, il voit et il sent par son* intérieur; *l'Abstractif pense, l'Instinctif agit. De là trois degrés pour l'homme :* Instinctif, *il est au-dessous de la mesure;* Abstractif, *il est au niveau;* Spécialiste, *il est au-dessus.* Le Spécialisme *lui ouvre sa véri-*

table carrière. L'infini commence à poindre en lui. Là, il entrevoit sa destinée.

Il existe trois mondes : LE NATUREL, LE SPIRITUEL, LE DIVIN. *L'humanité* transite *dans le Naturel, qui n'est fixe ni dans son essence ni dans ses facultés. Le Spirituel est fixe dans son essence, et mobile dans ses facultés. Le Divin est fixe dans ses facultés et dans son essence. Il existe donc nécessairement un culte matériel, un culte spirituel, un culte divin; trois formes qui s'expriment par l'Action, par la Parole, par la Prière : le fait, l'entendement et l'amour. L'instinctif veut des faits, l'abstractif des idées, le spécialiste voit la fin, il aspire à Dieu qu'il pressent ou contemple.*

Aussi, peut-être un jour, le sens inverse de L'ET VERBUM CARO FACTUM EST, *sera-t-il le résumé d'un nouvel évangile qui dira* : ET LA

CHAIR SE FERA LE VERBE, ELLE DEVIENDRA LA PAROLE DE DIEU.

La résurrection se fait par le vent du ciel qui balaie les mondes. L'ange porté par le vent ne dit pas : — Morts, levez-vous! Il dit: — Que les vivans se lèvent!

Telles sont les pensées auxquelles j'ai pu, non sans de grandes peines, donner des formes en rapport avec notre entendement. Il en est d'autres dont Pauline se souvenait plus particulièrement, je ne sais par quelle raison, et que j'ai transcrites; mais elles font le désespoir de l'esprit, quand, sachant de quelle intelligence elles procèdent, on cherche à les comprendre. J'en citerai quelques unes, pour achever le dessin de cette figure, peut-être aussi parce que dans ces dernières idées, la formule de Lambert embrasse-t-elle mieux les mondes que la précédente qui semble s'appliquer seulement au mouvement zoologique ; mais entre ces deux fragmens, il est une corrélation évidente aux yeux des personnes, assez rares d'ailleurs, qui se plaisent à plonger dans ces sortes de gouffres intellectuels.

Tout ici-bas n'existe que par le Mouvement et par le Nombre.

Le Mouvement est le produit d'une force engendrée par la Parole et par une résistance qui est la Matière. Sans la résistance, le Mouvement aurait été sans résultat, son action eût été infinie. L'attraction de Newton n'est pas une loi, mais un effet de la loi générale du Mouvement universel.

Le Mouvement en raison de la résistance

produit une combinaison qui est la vie; dès que l'un ou l'autre est plus fort, la vie cesse. Nulle part le Mouvement n'est stérile, partout il engendre le Nombre; mais il peut être neutralisé par une résistance supérieure, comme dans le minéral.

Le Nombre qui produit toutes les variétés engendre également l'harmonie qui, dans sa plus haute acception, est le rapport entre les parties et l'Unité.

Sans le Mouvement, tout serait une seule et même chose. Ses produits, identiques dans leur essence, ne diffèrent que par le Nombre qui a produit les facultés.

L'homme tient aux facultés, l'ange tient à l'essence.

En unissant son corps à l'action élémen-

taire, *l'homme peut arriver à s'unir à la lumière par SON INTÉRIEUR.*

Le Nombre est un témoin intellectuel qui n'appartient qu'à l'homme, et par lequel il peut arriver à la connaissance de la Parole.

Il est un nombre que l'Impur ne franchit pas, le Nombre où la création est finie.

L'Unité a été le point de départ de tout ce qui fut produit, il en est résulté des Composés, mais la fin doit être identique au commencement. De là, cette formule spirituelle : Unité composée, Unité variable, Unité fixe.

L'univers est donc la variété dans l'unité. Le Mouvement est le moyen, le Nombre est le résultat. La fin est le retour de toutes choses à l'unité qui est Dieu.

Trois *et* **sept** *sont les deux plus grands Nombres spirituels.*

Trois *est la formule des Mondes créés. Il est le signe spiritual de la création comme il est le signe matériel de la circonférence. En effet, Dieu n'a procédé que par des lignes circulaires. La ligne droite est l'attribut de l'infini. Aussi, l'homme qui pressent l'infini, le reproduit-il dans ses œuvres.* **Deux** *est le Nombre de la génération,* **trois** *est le Nombre de l'existence qui comprend la génération et le produit. Ajoutez le Quaternaire vous avez le* **sept**, *qui est la formule du ciel. Dieu est au-dessus, il est l'Unité.*

Après avoir été revoir encore une fois Lambert, je quittai sa femme et revins en proie à des idées si bizarres, si extravagantes, que je renonçai, malgré ma promesse, à retourner à Villenoix. La vue de Louis avait exercé sur moi je ne sais quelle influence sinistre. Je redoutai de me retrouver dans cette atmosphère enivrante où l'extase était contagieuse. Chacun aurait éprouvé comme moi l'envie de se précipiter dans l'infini, de même que les soldats se tuaient tous dans la guérite où s'était suicidé l'un d'eux au camp de Boulogne. On sait que l'empereur fut obligé de faire brûler ce bois, dépositaire d'idées arrivées à l'état de miasmes mortels. Peut-être en était-il de la chambre de Louis comme de cette guérite? Ces deux faits seraient des preuves de plus en faveur de son système sur la transmission de la Volonté. J'y ressentis des troubles extraordinaires qui surpassèrent les effets les plus fantastiques causés par le thé, le café, le spleen, l'opium, le sommeil et la fièvre, agens mystérieux dont nos têtes subissent souvent les terribles actions. Peut-être aurais-je pu transformer en un livre complet ces débris de pensée, compréhensibles seulement pour certains esprits habitués à se pencher sur le bord des abîmes, dans l'espérance d'en apercevoir le fond. La vie de cet immense cerveau, qui sans doute a craqué de toutes parts comme un empire trop vaste, y eût été développée dans le récit des visions de cet être, incomplet par trop de force ou par faiblesse; mais j'ai mieux aimé rendre compte de mes impressions que de faire une œuvre plus ou moins poétique. Lambert mourut à l'âge de vingt-huit ans, le 25 septembre 1824, entre les bras de son amie, qui le fit ensevelir dans une des îles du parc de Villenoix. Son tombeau consiste en une simple croix de pierre, sans nom, sans date. Fleur née sur le bord d'un gouffre, elle devait y tomber inconnue avec ses couleurs et ses parfums inconnus. Comme beaucoup de gens incompris, n'avait-il pas souvent voulu se plonger avec orgueil dans le néant pour y perdre les secrets de sa vie! Cependant mademoiselle de Villenoix aurait bien eu le droit d'inscrire sur cette croix les noms de Lambert, en y indiquant la place des siens. Depuis la perte de son mari, cette nouvelle union n'est-elle pas son espérance de toutes les heures? mais les vanités de la douleur et du style lapidaire sont étrangères aux ames fidèles. Villenoix tombe en ruines. L'épouse de Lambert ne l'habite plus, sans doute pour mieux s'y voir comme elle y fut jadis. Ne lui a-t-on pas entendu dire naguère: — J'ai eu son cœur, à Dieu son génie!

Au château de Saché, juin—juillet 1832.

FIN DU PREMIER VOLUME.

TABLE DES MATIÈRES.

Préface. v
Les Proscrits. 5
Histoire intellectuelle de Louis Lambert. 93

FIN DE LA TABLE.

www.ingramcontent.com/pod-product-compliance
Lightning Source LLC
Chambersburg PA
CBHW070851170426
43202CB00012B/2029